Cuisine Végétalienne Créative

Saveurs Naturelles pour le Bien-être et la Gourmandise

Camille Rousseau

Droits d'auteur 2023

Tous droits réservés

Tous droits réservés. Aucune partie de ce livre ne peut être reproduite ou copiée sous quelque forme ou par quelque moyen que ce soit, électronique ou mécanique, y compris la photocopie, l'enregistrement ou par tout système de stockage et de récupération d'informations, sans l'autorisation écrite de l'éditeur, à l'exception de l'inclusion de courtes citations dans une revue.

Avis-Avertissement

Les informations contenues dans ce livre se veulent aussi précises que possible. L'auteur et l'éditeur déclinent toute responsabilité envers quiconque pour toute perte ou dommage causé ou présumé être causé, directement ou indirectement, par les informations contenues dans ce livre.

Résumé

Introduction 12

RIZ ET CÉRÉALES 18

Riz à l'ail classique 19

Riz brun aux légumes et tofu 21

Bouillie d'amarante de base 23

. Pain de maïs de campagne aux épinards 25

Bouillie de riz aux groseilles 27

Bouillie de millet aux raisins secs 29

Bouillie de quinoa aux figues séchées 32

Pouding au pain aux raisins secs 34

Salade de boulgour 36

Bouillie de seigle avec garniture aux myrtilles 38

Bouillie de sorgho à la noix de coco 40

Riz aromatique du père 42

Céréales salées pour un usage quotidien 44

Salade grecque d'orge 46

Bouillie de maïs facile 48

Muffins au millet de maman 50

Riz brun au gingembre	52
Gruau sucré "Gryn"	54
Bol de freekeh aux figues séchées	56
Bouillie de semoule de maïs au sirop d'érable	59
Riz méditerranéen	61
Crêpes au boulgour revisitées	63
Bouillie de seigle au chocolat	65
Repas africain authentique Mielie	67
Bouillie de teff aux figues séchées	69
Pouding au pain décadent aux abricots	72
Riz chipotle à la coriandre	74
Gruau aux amandes	76
Bol de millet aromatique	78
Bol de boulgour harissa	80
Pouding au quinoa et à la noix de coco	83
Risotto aux champignons Cremini	85
Risotto coloré aux légumes	87
Grains d'amarante aux noix	89
Faire du pilaf d'orge aux champignons sauvages	91
Muffins sucrés au pain de maïs	93
Bouillie de riz aromatique aux figues séchées	96
Potage au Quinoa	98

Bol de sorgho aux amandes 100

Muffins boulgour aux raisins secs 102

Pilaf à l'ancienne 104

Salade de Freekeh au Za'atar 106

Soupe de légumes à l'amarante 108

Polenta aux champignons et pois chiches 111

Salade de teff à l'avocat et aux haricots 113

Gruau de nuit aux noix 115

Boules d'énergie à la carotte 118

Morceaux croustillants de patate douce 120

Petites carottes glacées rôties 122

Chips de chou au four 124

Sauce au fromage de cajou 126

Trempette au houmous et au piment 128

Mutabal libanais traditionnel 131

Pois chiches rôtis à l'indienne 133

Avocat à la sauce tahini 135

Croquettes de patates douces 137

Sauce aux tomates rôties et poivrons 139

Mélange de fête classique 141

Crostini à l'ail et à l'huile d'olive 143

Boulettes de viande végétaliennes classiques 144

Panais rôtis au balsamique	146
Baba Ganoush traditionnelle	149
Bouchées de dattes au beurre de cacahuète	151
Trempette au chou-fleur rôti	152
Rouleaux de courgettes faciles	154
Frites de patates douces chipotle	156
Sauce aux haricots cannellini	158
Bol de haricots à la mexicaine	160
Le minestrone italien classique	162
Casserole de lentilles vertes au chou	164
Mélange de légumes du jardin de pois chiches	166
Sauce tiède aux haricots	168
Salade de soja à la chinoise	170
Chou-fleur rôti épicé	173
Toum libanais léger	176
Avocat à la sauce épicée au gingembre	178
Mélange pour collation aux pois chiches	180
Trempette Muhammara avec une touche d'originalité	182
Crostini aux épinards, pois chiches et ail	184
"Boulettes de viande" Champignons et haricots cannellini	187
Rouleaux de concombre au houmous	189
Bouchées de jalapeño farcies	190

Rondelles d'oignon à la mexicaine 192

Racines de légumes rôties 194

Trempette au houmous à l'indienne 196

Trempette aux carottes rôties et aux haricots 198

Sushi de courgettes rapide et facile 200

Tomates cerises au houmous 202

Champignons de Paris au four 204

Chips de chou frisé au fromage 207

Bateaux de houmous à l'avocat 209

Champignons farcis aux nachos 211

Rouleaux de salade au houmous et à l'avocat 213

Choux de Bruxelles au four 215

Poppers de patates douces Poblano 217

Chips de courgettes au four 219

Sauce libanaise authentique 221

introduction

Ce n'est que récemment que de plus en plus de personnes commencent à adopter un mode de vie alimentaire à base de plantes. Ce qui a exactement attiré des dizaines de millions de personnes vers ce mode de vie est discutable. Cependant, il existe de plus en plus de preuves montrant qu'un mode de vie alimentaire principalement à base de plantes conduit à un meilleur contrôle du poids et à une meilleure santé globale, exempte de nombreuses maladies chroniques. Quels sont les bienfaits d'une alimentation végétale sur la santé ? Il s'avère que manger à base de plantes est l'un des régimes alimentaires les plus sains au monde. Une alimentation végétalienne saine comprend beaucoup de produits frais, de grains entiers, de légumineuses et de graisses saines comme les graines et les noix. Ils sont riches en antioxydants, minéraux, vitamines et fibres alimentaires. Les études scientifiques actuelles ont indiqué, qu'une consommation accrue d'aliments d'origine végétale est associée à un risque plus faible de mortalité due à des maladies telles que les maladies cardiovasculaires, le diabète de type 2, l'hypertension et l'obésité. Les régimes végétaliens reposent souvent sur des aliments de base sains et évitent les produits d'origine animale chargés d'antibiotiques, d'additifs et d'hormones. De plus, consommer un pourcentage plus élevé d'acides aminés essentiels avec des protéines animales peut être nocif pour la santé humaine. Étant donné que les produits d'origine animale contiennent beaucoup plus de matières grasses que les aliments d'origine végétale, il n'est pas surprenant que des études aient montré que les mangeurs de viande ont des niveaux d'obésité neuf fois plus élevés que les végétaliens. Cela nous amène au point suivant, l'un des plus grands avantages du régime végétalien : la perte de poids. Alors que de nombreuses personnes choisissent de vivre une vie végétalienne pour des raisons éthiques, le régime lui-même peut vous aider à atteindre vos objectifs de perte de poids. Si vous avez du mal à perdre du poids, envisagez d'essayer un régime à base de plantes. De quelle façon précisément? En tant que végétalien, vous réduirez le nombre d'aliments riches en calories tels que les produits laitiers entiers, les poissons gras, le porc et d'autres aliments contenant du cholestérol comme les œufs. Essayez de remplacer ces aliments par des alternatives riches en fibres et en protéines qui vous rassasieront plus longtemps. La clé est de se concentrer sur des aliments riches en nutriments, propres et naturels et d'éviter les calories vides comme le sucre, les graisses saturées et les aliments hautement transformés. Voici quelques astuces qui m'ont aidé à maintenir mon poids avec un régime végétalien pendant des années. Je mange des légumes en plat principal ; Consommez des bonnes graisses avec modération – une bonne graisse comme l'huile d'olive ne fait pas grossir ; Je m'entraîne régulièrement et je cuisine à la maison. Apprécier! Si vous avez du mal à perdre du poids, envisagez d'essayer un régime à base de plantes. De quelle façon précisément? En tant que végétalien, vous réduirez le nombre d'aliments riches en calories tels que les produits laitiers entiers, les poissons gras, le porc et d'autres aliments contenant du cholestérol comme les œufs. Essayez de remplacer ces aliments par des alternatives riches en fibres et en protéines qui vous rassasieront plus longtemps. La clé est de se concentrer sur des aliments riches en nutriments, propres et naturels et d'éviter les calories vides comme le sucre, les graisses saturées et les aliments hautement transformés. Voici quelques astuces qui m'ont aidé à maintenir mon poids avec un régime végétalien pendant des années. Je mange des légumes en plat principal ; Consommez des bonnes graisses avec modération – une bonne graisse comme l'huile d'olive ne fait pas grossir ; Je m'entraîne régulièrement et je cuisine à la maison. Apprécier! Si vous avez du mal à perdre du poids, vous pouvez envisager d'essayer un régime à base de plantes. De quelle façon précisément? En tant que végétalien, vous réduirez le nombre d'aliments riches en calories tels que les produits laitiers entiers, les poissons gras, le porc et d'autres aliments contenant du cholestérol comme les œufs. Essayez de remplacer ces aliments par des alternatives riches en fibres et en protéines qui vous rassasieront plus longtemps. La clé est de se concentrer sur des aliments riches en nutriments, propres et naturels et d'éviter les calories vides comme le sucre, les graisses saturées et les aliments hautement transformés. Voici quelques astuces qui m'ont aidé à maintenir mon poids avec un régime végétalien pendant des années. Je mange des légumes en plat principal ; Consommez des bonnes graisses avec modération – une bonne graisse comme l'huile d'olive ne fait pas grossir ; Je m'entraîne régulièrement et je cuisine à la maison. Apprécier! De quelle façon précisément? En tant que végétalien, vous réduirez le nombre d'aliments riches en calories tels que les produits laitiers entiers, les poissons gras, le porc et d'autres aliments contenant du cholestérol comme les œufs. Essayez de remplacer ces aliments par des alternatives riches en fibres et en protéines qui vous rassasieront plus longtemps. La clé est de se concentrer sur des aliments riches en nutriments, propres et naturels et d'éviter les calories vides comme le sucre, les graisses saturées et les aliments hautement transformés. Voici quelques astuces qui m'ont aidé à maintenir mon poids avec un régime végétalien pendant des années. Je mange des légumes en plat principal ; Consommez des bonnes graisses avec modération – une bonne graisse comme l'huile d'olive ne fait pas grossir ; Je m'entraîne régulièrement et je cuisine à la maison. Apprécier! De quelle façon précisément? En tant que végétalien, vous réduirez le nombre d'aliments riches en calories tels que les produits laitiers entiers, les poissons gras, le porc et d'autres aliments contenant du cholestérol comme les œufs. Essayez de remplacer ces aliments par des alternatives riches en fibres et en protéines qui vous rassasieront plus longtemps. La clé est de se concentrer sur des aliments riches en nutriments, propres et naturels et d'éviter les calories vides comme le sucre, les graisses saturées et les aliments hautement transformés. Voici quelques astuces qui m'ont aidé à maintenir mon poids avec un régime végétalien pendant des années. Je mange des légumes en plat principal ; Consommez des bonnes graisses avec modération – une bonne graisse comme l'huile d'olive ne fait pas grossir ; Je m'entraîne régulièrement et je cuisine à la maison. Apprécier! Essayez de remplacer ces aliments par des alternatives riches en fibres et en protéines qui vous rassasieront plus longtemps. La clé est de se concentrer sur des aliments riches en nutriments, propres et naturels et d'éviter les calories vides comme le sucre, les graisses saturées et les aliments hautement transformés. Voici quelques astuces qui m'ont aidé à maintenir mon poids avec un régime végétalien pendant des années. Je mange des légumes en plat principal ; Consommez des bonnes graisses avec modération – une bonne graisse comme l'huile d'olive ne fait pas grossir ; Je m'entraîne régulièrement et je cuisine à la maison. Apprécier! Essayez de remplacer ces aliments par des alternatives riches en fibres et en protéines qui vous rassasieront plus longtemps. La clé est de se concentrer sur des aliments riches en nutriments, propres et naturels et d'éviter les calories vides comme le sucre, les graisses saturées et les aliments hautement transformés. Voici quelques astuces qui m'ont aidé à maintenir mon poids avec un régime végétalien pendant des années. Je mange des légumes en plat principal ; Consommez des bonnes graisses avec modération – une bonne graisse comme l'huile d'olive ne fait pas grossir ; Je m'entraîne régulièrement et je cuisine à la maison. Apprécier! Consommez des bonnes graisses avec modération – une bonne graisse comme l'huile d'olive ne fait pas grossir ; Je m'entraîne régulièrement et je cuisine à la maison. Apprécier! Consommez des bonnes graisses avec modération – une bonne graisse comme l'huile d'olive ne fait pas grossir ; Je m'entraîne régulièrement et je cuisine à la maison.

RIZ ET CÉRÉALES

Riz à l'ail classique

(Prêt en 20 minutes environ | Pour 4 personnes)

Par portion : Calories : 422 ; Matières grasses : 15,1 g ; Glucides : 61,1 g ; Protéines : 9,3 g

ingrédients

- 4 cuillères à soupe d'huile d'olive
- 4 gousses d'ail, émincées
- 1½ dl de riz blanc
- 2½ dl de bouillon de légumes

Directions

Dans une poêle, faites chauffer l'huile d'olive à feu moyen-vif. Ajouter l'ail et faire revenir environ 1 minute ou jusqu'à ce qu'il soit aromatique.

Ajoutez le riz et le bouillon. Porter à ébullition; Augmentez immédiatement le feu jusqu'à ébullition douce.

Cuire environ 15 minutes ou jusqu'à ce que tout le liquide soit absorbé. Retirez le riz à la fourchette, salez et poivrez et servez chaud !

Riz brun aux légumes et tofu

(Prêt en 45 minutes environ | Pour 4 personnes)

Par portion : Calories : 410 ; Matières grasses : 13,2 g ; Glucides : 60 g ; Protéines : 14,3 g

ingrédients

4 cuillères à café de graines de sésame

2 tiges d'ail de printemps, hachées

1 tasse d'oignon vert, haché

1 carotte, parée et tranchée

1 branche de céleri, tranché

1/4 verre de vin blanc sec

10 onces de tofu, coupé en dés

1 1/2 tasse de riz brun à grains longs, soigneusement rincé

2 cuillères à soupe de sauce soja

2 cuillères à soupe de tahin

1 cuillère à soupe de jus de citron

Directions

Dans un wok ou une grande casserole, faites chauffer 2 cuillères à café d'huile de sésame à feu moyen-vif. Faites maintenant revenir l'ail, l'oignon, la carotte et le céleri pendant env. 3 minutes en remuant régulièrement pour assurer une cuisson homogène.

Ajoutez le vin pour déglacer la poêle et poussez les légumes d'un côté du wok. Ajoutez le reste de l'huile de sésame et faites revenir le tofu pendant 8 minutes en remuant de temps en temps.

Porter 2 1/2 tasses d'eau à ébullition à feu moyen-vif. Porter à ébullition et cuire le riz pendant environ 30 minutes ou jusqu'à ce qu'il soit tendre ; aérer le riz et incorporer la sauce soja et le tahini.

Incorporer les légumes et le tofu au riz chaud; ajoutez quelques gouttes de jus de citron frais et servez chaud. Bon appétit!

Bouillie d'amarante de base

(Prêt en 35 minutes environ | Pour 4 personnes)

Par portion : Calories : 261 ; Matières grasses : 4,4 g ; Glucides : 49 g ; Protéines : 7,3 g

ingrédients

3 tasses d'eau

1 tasse d'amarante

1/2 tasse de lait de coco

4 cuillères à soupe de sirop d'agave

Une pincée de sel casher

Une pincée de muscade râpée

Directions

Porter l'eau à ébullition à feu moyen-vif; ajoutez l'amarante et augmentez le feu.

Laisser cuire environ 30 minutes en remuant de temps en temps pour éviter que l'amarante ne colle au fond de la casserole.

Incorporer le reste des ingrédients et poursuivre la cuisson encore 1 à 2 minutes, jusqu'à ce qu'ils soient bien cuits. Bon appétit!

. Pain de maïs de campagne aux épinards

(Prêt en 50 minutes environ | Pour 8 personnes)

Par portion : Calories : 282 ; Matières grasses : 15,4 g ; Glucides : 30 g ; Protéines : 4,6 g

ingrédients

1 cuillère à soupe de farine de lin

1 tasse de farine tout usage

1 tasse de semoule de maïs jaune

1/2 cuillère à café de bicarbonate de soude

1/2 cuillère à café de levure chimique

1 cuillère à café de sel casher

1 cuillère à café de cassonade

Une pincée de muscade râpée

1 ¼ tasse de lait d'avoine, non sucré

1 cuillère à café de vinaigre blanc

1/2 tasse d'huile d'olive

2 tasses d'épinards, hachés

Directions

Commencez par préchauffer le four à 420 degrés F. Vaporisez maintenant une plaque à pâtisserie avec un spray antiadhésif.

Pour faire des œufs de lin, mélangez la farine de graines de lin avec 3 cuillères à soupe d'eau. Mélangez et laissez reposer environ 15 minutes.

Dans un bol, mélanger délicatement la farine, la semoule de maïs, la levure chimique, le sel, le sucre et la muscade râpée.

Ajoutez progressivement les œufs de lin, le lait d'avoine, le vinaigre et l'huile d'olive en fouettant constamment pour éviter les grumeaux. Ensuite, incorporez les épinards.

Verser la pâte dans le moule préparé. Faites cuire le pain de maïs pendant environ 25 minutes ou jusqu'à ce qu'un cure-dent inséré au centre en ressorte sec et propre.

Laisser reposer environ 10 minutes avant de trancher et de servir. Bon appétit!

Bouillie de riz aux groseilles

(Prêt en 45 minutes environ | Pour 4 personnes)

Par portion : Calories : 423 ; Matières grasses : 5,3 g ; Glucides : 85 g ; Protéines : 8,8 g

ingrédients

1½ dl d'eau

1 tasse de riz blanc

2 ½ tasses de lait d'avoine, divisées

1/2 tasse de sucre blanc

Une pincée de sel

Une pincée de muscade râpée

1 cuillère à café de cannelle moulue

1/2 cuillère à café d'extrait de vanille

1/2 tasse de groseilles séchées

Directions

Dans une casserole, porter l'eau à ébullition à feu moyen-vif. Augmentez immédiatement le feu, ajoutez le riz et laissez cuire environ 20 minutes.

Ajoutez le lait, le sucre et les épices et poursuivez la cuisson encore 20 minutes en remuant constamment pour éviter que le riz ne colle à la poêle.

Garnir de groseilles séchées et servir à température ambiante. Bon appétit!

Bouillie de millet aux raisins secs

(Prêt en 25 minutes environ | Pour 3 personnes)

Par portion : Calories : 353 ; Matière grasse : 5,5 g ; Glucides : 65,2 g ; Protéines : 9,8 g

ingrédients

1 tasse d'eau

1 tasse de lait de coco

1 tasse de millet, rincé

1/4 cuillère à café de muscade râpée

1/4 cuillère à café de cannelle moulue

1 cuillère à café de pâte de vanille

1/4 cuillère à café de sel casher

2 cuillères à soupe de sirop d'agave

4 cuillères à soupe de raisins secs

Directions

Mettre l'eau, le lait, le millet, la muscade, la cannelle, la vanille et le sel dans une casserole ; porter à ébullition.

Augmentez le feu et faites bouillir pendant env. 20 minutes; Écrasez le mil avec une fourchette et versez-le dans des bols individuels.

Servir avec du sirop d'agave et des raisins secs. Bon appétit!

Bouillie de quinoa aux figues séchées

(Prêt en 25 minutes environ | Pour 3 personnes)

Par portion : Calories : 414 ; Graisse : 9g ; Glucides : 71,2 g ; Protéines : 13,8 g

ingrédients

1 tasse de quinoa blanc, rincé

2 tasses de lait d'amande

4 cuillères à soupe de cassonade

Une pincée de sel

1/4 cuillère à café de muscade râpée

1/2 cuillère à café de cannelle moulue

1/2 cuillère à café d'extrait de vanille

1/2 tasse de figues séchées, hachées

Directions

Mettez le quinoa, le lait d'amande, le sucre, le sel, la muscade, la cannelle et l'extrait de vanille dans une casserole.

Porter à ébullition à feu moyen-vif. Augmentez le feu et faites bouillir pendant env. 20 minutes; ébouriffer avec une fourchette.

Répartir dans trois bols et garnir de figues séchées. Bon appétit!

Pouding au pain aux raisins secs

(Prêt en 1 heure environ | Portions 4)

Par portion : Calories : 474 ; Matière grasse : 12,2 g ; Glucides : 72g ; Protéines : 14,4 g

ingrédients

- 4 tasses de pain rassis en cubes
- 1 tasse de cassonade
- 4 tasses de lait de coco
- 1/2 cuillère à café d'extrait de vanille
- 1 cuillère à café de cannelle moulue
- 2 cuillères à soupe de rhum
- 1/2 tasse de raisins secs

Directions

Commencez par préchauffer le four à 360 degrés F. Graissez légèrement une plaque à pâtisserie avec un spray antiadhésif.

Placez les cubes de pain dans le plat allant au four préparé.

Dans un bol, bien mélanger le sucre, le lait, la vanille, la cannelle, le rhum et les raisins secs. Versez la crème uniformément sur les cubes de pain.

Laisser tremper environ 15 minutes.

Cuire au four préchauffé pendant environ 45 minutes ou jusqu'à ce que le dessus soit doré et pris. Bon appétit!

Salade de boulgour

(Prêt en 25 minutes environ | Pour 4 personnes)

Par portion : Calories : 359 ; Matière grasse : 15,5 g ; Glucides : 48,1 g ; Protéines : 10,1 g

ingrédients

1 tasse de boulgour

1½ dl de bouillon de légumes

1 cuillère à café de sel marin

1 cuillère à café de gingembre frais haché

4 cuillères à soupe d'huile d'olive

1 oignon, haché

8 onces de pois chiches en boîte, égouttés

2 gros poivrons rôtis, tranchés

2 cuillères à soupe de persil frais, haché grossièrement

Directions

Dans une casserole profonde, porter à ébullition le boulgour et le bouillon de légumes; laisser cuire à couvert pendant 12-13 minutes.

Laisser reposer environ 10 minutes et remuer à la fourchette.

Ajouter le reste des ingrédients au boulgour cuit; servir à température ambiante ou très froid. Bon appétit!

Bouillie de seigle avec garniture aux myrtilles

(Prêt en 15 minutes environ | Pour 3 personnes)

Par portion : Calories : 359 ; Graisse : 11g ; Glucides : 56,1 g ; Protéines : 12,1 g

ingrédients

1 tasse de flocons de seigle

1 tasse d'eau

1 tasse de lait de coco

1 tasse de bleuets frais

1 cuillère à soupe d'huile de coco

6 dattes dénoyautées

Directions

Ajouter les flocons de seigle, l'eau et le lait de coco dans une casserole profonde; porter à ébullition à feu moyen-vif. Augmentez le feu et laissez bouillir pendant 5 à 6 minutes.

Mélangez les myrtilles avec l'huile de coco et les dattes dans un mixeur ou un robot culinaire.

Verser dans trois bols et garnir de garniture aux bleuets.

Bon appétit!

Bouillie de sorgho à la noix de coco

(Prêt en 15 minutes environ | Pour 2 personnes)

Par portion : Calories : 289 ; Matières grasses : 5,1 g ; Glucides : 57,8 g ; Protéines : 7,3 g

ingrédients

1/2 tasse de sorgho

1 tasse d'eau

1/2 tasse de lait de coco

1/4 cuillère à café de muscade râpée

1/4 cuillère à café de clous de girofle écrasés

1/2 cuillère à café de cannelle moulue

Sel casher au goût

2 cuillères à soupe de sirop d'agave

2 cuillères à soupe de flocons de noix de coco

Directions

Mettez le sorgho, l'eau, le lait, la muscade, les clous de girofle, la cannelle et le sel casher dans une casserole ; cuire doucement pendant environ 15 minutes.

Versez le porridge dans des bols de service. Garnir de sirop d'agave et de flocons de noix de coco. Bon appétit!

Riz aromatique du père

(Prêt en 20 minutes environ | Pour 4 personnes)

Par portion : Calories : 384 ; Matières grasses : 11,4 g ; Glucides : 60,4 g ; Protéines : 8,3 g

ingrédients

3 cuillères à soupe d'huile d'olive

1 cuillère à café d'ail, émincé

1 cuillère à café d'origan séché

1 cuillère à café de romarin séché

1 feuille de laurier

1½ dl de riz blanc

2½ dl de bouillon de légumes

Sel de mer et poivre de Cayenne au goût

Directions

Dans une poêle, faites chauffer l'huile d'olive à feu moyen-vif. Ajouter l'ail, l'origan, le romarin et le laurier; faire sauter pendant environ 1 minute ou jusqu'à ce qu'il soit aromatique.

Ajoutez le riz et le bouillon. Porter à ébullition; Augmentez immédiatement le feu jusqu'à ébullition douce.

Cuire environ 15 minutes ou jusqu'à ce que tout le liquide soit absorbé. Égouttez le riz à la fourchette, salez et poivrez et servez aussitôt.

Bon appétit!

Céréales salées pour un usage quotidien

(Prêt en 35 minutes environ | Pour 4 personnes)

Par portion : Calories : 238 ; Matière grasse : 6,5 g ; Glucides : 38,7 g ; Protéines : 3,7 g

ingrédients

2 cuillères à soupe de beurre végétalien

1 oignon doux, haché

1 cuillère à café d'ail, émincé

4 tasses d'eau

1 tasse de gruau moulu sur pierre

Sel de mer et poivre de Cayenne au goût

Directions

Dans une casserole, faire fondre le beurre végétalien à feu moyen-vif. Lorsqu'il est chaud, faites cuire l'oignon pendant environ 3 minutes ou jusqu'à ce qu'il soit tendre.

Ajouter l'ail et continuer à faire sauter pendant 30 secondes supplémentaires ou jusqu'à ce qu'il soit aromatique; Réserve.

Porter l'eau à ébullition à feu moyen-élevé. Mélangez la semoule, le sel et le poivre, augmentez le feu, mettez le couvercle et poursuivez la cuisson pendant env. 30 minutes ou jusqu'à ce qu'ils soient bien cuits.

Incorporer le mélange sauté et servir chaud. Bon appétit!

Salade grecque d'orge

(Prêt en 35 minutes environ | Pour 4 personnes)

Par portion : Calories : 378 ; Matière grasse : 15,6 g ; Glucides : 50 g ; Protéines : 10,7 g

ingrédients

1 tasse d'orge perlé

2 ¾ dl de bouillon de légumes

2 cuillères à soupe de vinaigre de cidre de pomme

4 cuillères à soupe d'huile d'olive extra vierge

2 poivrons épépinés et coupés en dés

1 échalote, hachée

2 onces de tomates séchées marinées, hachées

1/2 olives vertes, dénoyautées et tranchées

2 cuillères à soupe de coriandre fraîche, hachée grossièrement

Directions

Porter l'orzo et le bouillon à ébullition à feu moyen-vif ; maintenant il faut monter le feu.

Continuez à laisser mijoter environ 30 minutes jusqu'à ce que tout le liquide soit absorbé ; ébouriffer avec une fourchette.

Assaisonner l'orzo avec le vinaigre, l'huile d'olive, les poivrons, les échalotes, les tomates séchées et les olives ; remuer pour bien mélanger.

Garnir de coriandre fraîche et servir à température ambiante ou très froid. Apprécier!

Bouillie de maïs facile

(Prêt en 15 minutes environ | Pour 2 personnes)

Par portion : Calories : 278 ; Matières grasses : 12,7 g ; Glucides : 37,2 g ; Protéine : 3 g

ingrédients

2 tasses d'eau

1/2 tasse de semoule de maïs

1/4 cuillère à café de piment de la Jamaïque moulu

1/4 cuillère à café de sel

2 cuillères à soupe de cassonade

2 cuillères à soupe de beurre d'amande

Directions

Dans une casserole, porter l'eau à ébullition ; Ajoutez ensuite progressivement la farine de maïs et augmentez le feu.

Ajoutez le piment de la Jamaïque moulu et le sel. Laissez bouillir 10 minutes.

Ajoutez la cassonade et le beurre d'amande et mélangez délicatement. Bon appétit!

Muffins au millet de maman

(Prêt en 20 minutes environ | Pour 8 personnes)

Par portion : Calories : 367 ; Matière grasse : 15,9 g ; Glucides : 53,7 g ; Protéines : 6,5 g

ingrédients

2 dl de farine complète

1/2 tasse de mil

2 cuillères à café de levure

1/2 cuillère à café de sel

1 tasse de lait de coco

1/2 tasse d'huile de noix de coco, fondue

1/2 tasse de nectar d'agave

1/2 cuillère à café de cannelle moulue

1/4 cuillère à café de clous de girofle écrasés

Une pincée de muscade râpée

1/2 tasse d'abricots secs, hachés

Directions

Commencez par préchauffer le four à 400 degrés F. Graissez légèrement un moule à muffins avec de l'huile antiadhésive.

Dans un bol, mélangez tous les ingrédients secs. Mélangez les ingrédients humides dans un bol séparé. Incorporer le mélange de lait au mélange de farine; mélangez simplement jusqu'à ce qu'il soit uniformément humide et ne mélangez pas trop la pâte.

Incorporez les abricots et versez la pâte dans les moules à muffins préparés.

Cuire les muffins au four préchauffé pendant environ 15 minutes ou jusqu'à ce qu'un cure-dent inséré au centre du muffin en ressorte propre et sec.

Laisser reposer 10 minutes sur une grille avant de démouler et de servir. Apprécier!

Riz brun au gingembre

(Prêt en 30 minutes environ | Pour 4 personnes)

Par portion : Calories : 318 ; Matières grasses : 8,8 g ; Glucides : 53,4 g ; Protéines : 5,6 g

ingrédients

1 ½ dl de riz brun, rincé

2 cuillères à soupe d'huile d'olive

1 cuillère à café d'ail, émincé

1 morceau de gingembre (1 pouce), pelé et haché

1/2 cuillère à café de graines de cumin

Sel de mer et poivre noir moulu au goût

Directions

Placer le riz brun dans une casserole et couvrir d'eau froide sur 2 pouces. Porter à ébullition.

Augmentez le feu et poursuivez la cuisson environ 30 minutes ou jusqu'à tendreté.

Dans une poêle, faire chauffer l'huile d'olive à feu moyen-vif. Une fois chauds, faites cuire l'ail, le gingembre et le cumin jusqu'à ce qu'ils soient aromatiques.

Incorporer le mélange ail-gingembre au riz chaud; assaisonner de sel et de poivre et servir immédiatement. Bon appétit!

Gruau sucré "Gryn"

(Prêt en 20 minutes environ | Pour 4 personnes)

Par portion : Calories : 380 ; Matières grasses : 11,1 g ; Glucides : 59 g ; Protéines : 14,4 g

ingrédients

1 ½ tasse de flocons d'avoine coupés en acier, trempés toute la nuit

1 tasse de lait d'amande

2 tasses d'eau

Une pincée de muscade râpée

Une pincée de clous de girofle moulus

Une pincée de sel marin

4 cuillères à soupe d'amandes tranchées

6 dattes dénoyautées et hachées

6 prunes, hachées

Directions

Portez à ébullition les flocons d'avoine coupés en acier, le lait d'amande et l'eau dans une casserole profonde.

Ajoutez la muscade, les clous de girofle et le sel. Baissez immédiatement le feu, laissez mijoter, couvrez et poursuivez la cuisson pendant environ 15 minutes ou jusqu'à tendreté.

Versez ensuite le gruau dans quatre bols de service ; garnissez-les d'amandes, de dattes et de prunes.

Bon appétit!

Bol de freekeh aux figues séchées

(Prêt en 35 minutes environ | Pour 2 personnes)

Par portion : Calories : 458 ; Matières grasses : 6,8 g ; Glucides : 90 g ; Protéines : 12,4 g

ingrédients

1/2 tasse de freekeh, trempé 30 minutes, égoutté

1 1/3 dl de lait d'amande

1/4 cuillère à café de sel marin

1/4 cuillère à café de clous de girofle écrasés

1/4 cuillère à café de cannelle moulue

4 cuillères à soupe de sirop d'agave

2 onces de figues séchées, hachées

Directions

Mettez le freekeh, le lait, le sel marin, les clous de girofle moulus et la cannelle dans une casserole. Porter à ébullition à feu moyen-vif.

Réduisez immédiatement le feu et laissez mijoter pendant 30 à 35 minutes, en remuant de temps en temps pour favoriser une cuisson uniforme.

Mélangez le sirop d'agave et les figues, versez le porridge dans des bols individuels et servez. Bon appétit!

Bouillie de semoule de maïs au sirop d'érable

(Prêt en 20 minutes environ | Pour 4 personnes)

Par portion : Calories : 328 ; Matières grasses : 4,8 g ; Glucides : 63,4 g ; Protéines : 6,6 g

ingrédients

2 tasses d'eau

2 tasses de lait d'amande

1 bâton de cannelle

1 gousse de vanille

1 tasse de semoule de maïs jaune

1/2 tasse de sirop d'érable

Directions

Dans une casserole, porter à ébullition l'eau et le lait d'amande. Ajoutez le bâton de cannelle et la gousse de vanille.

Ajouter graduellement la semoule de maïs en remuant constamment; Allumez le feu. Laisser mijoter environ 15 minutes.

Versez le sirop d'érable sur le porridge et servez chaud. Apprécier!

Riz méditerranéen

(Prêt en 20 minutes environ | Pour 4 personnes)

Par portion : Calories : 403 ; Graisse : 12g ; Glucides : 64,1 g ; Protéines : 8,3 g

ingrédients

3 cuillères à soupe de beurre végétalien, à température ambiante

4 cuillères à soupe d'échalotes hachées

2 gousses d'ail, hachées

1 feuille de laurier

1 brin de thym haché

1 branche de romarin hachée

1½ dl de riz blanc

2 dl de bouillon de légumes

1 grosse tomate, en purée

Sel de mer et poivre noir moulu au goût

2 onces d'olives Kalamata, dénoyautées et tranchées

Directions

Dans une poêle, faire fondre le beurre végétalien à feu moyen-vif. Cuire les échalotes pendant environ 2 minutes ou jusqu'à ce qu'elles soient tendres.

Ajouter l'ail, le laurier, le thym et le romarin et faire revenir pendant env. 1 minute ou jusqu'à ce qu'il soit aromatique.

Ajouter le riz, le bouillon et la purée de tomates. Porter à ébullition; Augmentez immédiatement le feu jusqu'à ébullition douce.

Cuire environ 15 minutes ou jusqu'à ce que tout le liquide soit absorbé. Remuer le riz à la fourchette, assaisonner de sel et de poivre et garnir d'olives ; sers immédiatement.

Bon appétit!

Crêpes au boulgour revisitées

(Prêt en 50 minutes environ | Pour 4 personnes)

Par portion : Calories : 414 ; Matière grasse : 21,8 g ; Glucides : 51,8 g ; Protéines : 6,5 g

ingrédients

1/2 tasse de farine de boulgour

1/2 tasse de farine d'amande

1 cuillère à café de levure chimique

1/2 cuillère à café de sel marin fin

1 tasse de lait de coco entier

1/2 cuillère à café de cannelle moulue

1/4 cuillère à café de clous de girofle écrasés

4 cuillères à soupe d'huile de coco

1/2 tasse de sirop d'érable

1 grosse banane, tranchée

Directions

Dans un bol, mélanger délicatement la farine, la levure, le sel, le lait de coco, la cannelle et les clous de girofle hachés ; bien laisser infuser 30 minutes.

Faites chauffer un peu d'huile de coco dans une poêle.

Faites frire les crêpes jusqu'à ce que la surface soit dorée. Garnir de sirop d'érable et de banane. Bon appétit!

Bouillie de seigle au chocolat

(Prêt en 10 minutes environ | Pour 4 personnes)

Par portion : Calories : 460 ; Matières grasses : 13,1 g ; Glucides : 72,2 g ; Protéine : 15 g

ingrédients

2 tasses de flocons de seigle

2 ½ dl de lait d'amande

2 onces de pruneaux, hachés

2 onces de morceaux de chocolat noir

Directions

Ajouter les flocons de seigle et le lait d'amande dans une casserole profonde; porter à ébullition à feu moyen-vif. Augmentez le feu et laissez bouillir pendant 5 à 6 minutes.

Retirer du feu. Ajoutez les prunes hachées et les morceaux de chocolat et mélangez délicatement.

Verser dans des bols de service et servir chaud.

Bon appétit!

Repas africain authentique Mielie

(Prêt en 15 minutes environ | Pour 4 personnes)

Par portion : Calories : 336 ; Matières grasses : 15,1 g ; Glucides : 47,9 g ; Protéines : 4,1 g

ingrédients

3 tasses d'eau

1 tasse de lait de coco

1 tasse de semoule de maïs

1/3 cuillère à café de sel casher

1/4 cuillère à café de muscade râpée

1/4 cuillère à café de clous de girofle écrasés

4 cuillères à soupe de sirop d'érable

Directions

Dans une casserole, porter à ébullition l'eau et le lait ; Ajoutez ensuite progressivement la farine de maïs et augmentez le feu.

Ajoutez le sel, la muscade et les clous de girofle. Laissez bouillir 10 minutes.

Ajouter le sirop d'érable et mélanger délicatement. Bon appétit!

Bouillie de teff aux figues séchées

(Prêt en 25 minutes environ | Pour 4 personnes)

Par portion : Calories : 356 ; Matières grasses : 12,1 g ; Glucides : 56,5 g ; Protéines : 6,8 g

ingrédients

1 tasse de steff complet

1 tasse d'eau

2 tasses de lait de coco

2 cuillères à soupe d'huile de coco

1/2 cuillère à café de cardamome moulue

1/4 cuillère à café de cannelle moulue

4 cuillères à soupe de sirop d'agave

7-8 figues séchées, hachées

Directions

Portez à ébullition le bœuf complet, l'eau et le lait de coco.

Augmentez le feu et ajoutez l'huile de coco, la cardamome et la cannelle.

Laisser cuire 20 minutes ou jusqu'à ce que le maïs soit tendre et que la bouillie ait épaissi. Ajouter le sirop d'agave et bien mélanger.

Garnir chaque bol de figues hachées et servir chaud. Bon appétit!

Pouding au pain décadent aux abricots

(Prêt en 1 heure environ | Portions 4)

Par portion : Calories : 418 ; Matière grasse : 18,8 g ; Glucides : 56,9 g ; Protéines : 7,3 g

ingrédients

4 tasses de ciabatta d'un jour en cubes

4 cuillères à soupe d'huile de coco fondue

2 tasses de lait de coco

1/2 tasse de sucre de coco

4 cuillères à soupe de compote de pommes

1/4 cuillère à café de clous de girofle écrasés

1/2 cuillère à café de cannelle moulue

1 cuillère à café d'extrait de vanille

1/3 tasse d'abricots secs, coupés en dés

Directions

Commencez par préchauffer le four à 360 degrés F. Graissez légèrement une plaque à pâtisserie avec un spray antiadhésif.

Placez les cubes de pain dans le plat allant au four préparé.

Mélangez soigneusement l'huile de coco, le lait, le sucre de coco, la compote de pommes, les clous de girofle moulus, la cannelle moulue et la vanille dans un bol à mélanger. Versez la crème uniformément sur les cubes de pain ; incorporer les abricots.

Presser avec une grande spatule et laisser macérer environ 15 minutes.

Cuire au four préchauffé pendant environ 45 minutes ou jusqu'à ce que le dessus soit doré et pris. Bon appétit!

Riz chipotle à la coriandre

(Prêt en 25 minutes environ | Pour 4 personnes)

Par portion : Calories : 313 ; Matière grasse : 15g ; Glucides : 37,1 g ; Protéines : 5,7 g

ingrédients

4 cuillères à soupe d'huile d'olive

1 piment chipotle, épépiné et haché

1 tasse de riz au jasmin

1½ dl de bouillon de légumes

1/4 tasse de coriandre fraîche, hachée

Sel de mer et poivre de Cayenne au goût

Directions

Dans une poêle, faites chauffer l'huile d'olive à feu moyen-vif. Ajouter le poivre et le riz et laisser cuire env. 3 minutes ou jusqu'à ce qu'il soit aromatique.

Versez le bouillon de légumes dans la casserole et portez à ébullition ; Augmentez immédiatement le feu jusqu'à ébullition douce.

Cuire environ 18 minutes ou jusqu'à ce que tout le liquide soit absorbé. Piquer le riz avec une fourchette, ajouter la coriandre, le sel et le poivre de Cayenne ; remuer pour bien mélanger. Bon appétit!

Gruau aux amandes

(Prêt en 20 minutes environ | Pour 2 personnes)

Par portion : Calories : 533 ; Matières grasses : 13,7 g ; Glucides : 85 g ; Protéines : 21,6 g

ingrédients

1 tasse d'eau

2 tasses de lait d'amande, divisé

1 tasse de flocons d'avoine

2 cuillères à soupe de sucre de coco

1/2 essence de vanille

1/4 cuillère à café de cardamome

1/2 tasse d'amandes hachées

1 banane, tranchée

Directions

Dans une casserole profonde, porter à ébullition rapide l'eau et le lait. Ajoutez les flocons d'avoine, couvrez la casserole et augmentez le feu.

Ajouter le sucre de coco, la vanille et la cardamome. Poursuivez la cuisson environ 12 minutes en remuant souvent.

Versez le mélange dans des bols de service; garnir d'amandes et de banane. Bon appétit!

Bol de millet aromatique

(Prêt en 20 minutes environ | Pour 3 personnes)

Par portion : Calories : 363 ; Matières grasses : 6,7 g ; Glucides : 63,5 g ; Protéines : 11,6 g

ingrédients

1 tasse d'eau

1½ dl de lait de coco

1 tasse de millet, rincé et égoutté

1/4 cuillère à café de gingembre confit

1/4 cuillère à café de cannelle moulue

Une pincée de muscade râpée

Une pincée de sel de l'Himalaya

2 cuillères à soupe de sirop d'érable

Directions

Mettre l'eau, le lait, le millet, le gingembre, la cannelle, la muscade et le sel dans une casserole ; porter à ébullition.

Augmentez le feu et faites bouillir pendant env. 20 minutes; Écrasez le mil avec une fourchette et versez-le dans des bols individuels.

Servir avec du sirop d'érable. Bon appétit!

Bol de boulgour harissa

(Prêt en 25 minutes environ | Pour 4 personnes)

Par portion : Calories : 353 ; Matière grasse : 15,5 g ; Glucides : 48,5 g ; Protéines : 8,4 g

ingrédients

1 tasse de boulgour

1½ dl de bouillon de légumes

2 tasses de grains de maïs sucré, décongelés

1 tasse de haricots en conserve, égouttés

1 oignon rouge, tranché finement

1 gousse d'ail, hachée

Sel de mer et poivre noir moulu au goût

1/4 tasse de pâte de harissa

1 cuillère à soupe de jus de citron

1 cuillère à soupe de vinaigre blanc

1/4 tasse d'huile d'olive extra vierge

1/4 tasse de feuilles de persil frais, hachées grossièrement

Directions

Dans une casserole profonde, porter à ébullition le boulgour et le bouillon de légumes; laisser cuire à couvert pendant 12-13 minutes.

Laisser reposer 5 à 10 minutes et remuer le boulgour avec une fourchette.

Ajouter le reste des ingrédients au boulgour cuit; servi chaud ou à température ambiante. Bon appétit!

Pouding au quinoa et à la noix de coco

(Prêt en 20 minutes environ | Pour 3 personnes)

Par portion : Calories : 391 ; Matière grasse : 10,6 g ; Glucides : 65,2 g ; Protéines : 11,1 g

ingrédients

1 tasse d'eau

1 tasse de lait de coco

1 tasse de quinoa

Une pincée de sel casher

Une pincée peinte sur toutes les mains

1/2 cuillère à café de cannelle

1/2 cuillère à café d'extrait de vanille

4 cuillères à soupe de sirop d'agave

1/2 tasse de flocons de noix de coco

Directions

Mettez l'eau, le lait de coco, le quinoa, le sel, le piment de la Jamaïque moulu, la cannelle et l'extrait de vanille dans une casserole.

Porter à ébullition à feu moyen-vif. Augmentez le feu et faites bouillir pendant env. 20 minutes; remuer à la fourchette et ajouter le sirop d'agave.

Répartir dans trois bols et garnir de flocons de noix de coco. Bon appétit!

Risotto aux champignons Cremini

(Prêt en 20 minutes environ | Pour 3 personnes)

Par portion : Calories : 513 ; Matière grasse : 12,5 g ; Glucides : 88 g ; Protéines : 11,7 g

ingrédients

3 cuillères à soupe de beurre végétalien

1 cuillère à café d'ail, émincé

1 cuillère à café de thym

1 livre de champignons cremini, tranchés

1½ dl de riz blanc

2½ dl de bouillon de légumes

1/4 tasse de vin de Xérès sec

Sel casher et poivre noir moulu au goût

3 cuillères à soupe d'échalotes fraîches, tranchées finement

Directions

Dans une poêle, faire fondre le beurre végétalien à feu moyen-vif. Cuire l'ail et le thym pendant environ 1 minute ou jusqu'à ce qu'ils soient aromatiques.

Ajoutez les champignons et continuez à faire sauter jusqu'à ce qu'ils libèrent leur liquide, soit environ 3 minutes.

Ajouter le riz, le bouillon de légumes et le xérès. Porter à ébullition; Augmentez immédiatement le feu jusqu'à ébullition douce.

Cuire environ 15 minutes ou jusqu'à ce que tout le liquide soit absorbé. Ramassez le riz à la fourchette, assaisonnez de sel et de poivre et décorez d'échalotes fraîches.

Bon appétit!

Risotto coloré aux légumes

(Prêt en 35 minutes environ | Pour 5 personnes)

Par portion : Calories : 363 ; Matière grasse : 7,5 g ; Glucides : 66,3 g ; Protéines : 7,7 g

ingrédients

2 cuillères à soupe d'huile de sésame

1 oignon, haché

2 poivrons, hachés

1 panais, paré et haché

1 carotte, parée et hachée

1 tasse de fleurons de brocoli

2 gousses d'ail, hachées finement

1/2 cuillère à café de cumin moulu

2 tasses de riz brun

Sel de mer et poivre noir au goût

1/2 cuillère à café de curcuma moulu

2 cuillères à soupe de coriandre fraîche, finement hachée

Directions

Faites chauffer l'huile de sésame dans une poêle à feu moyen-vif.

Lorsqu'ils sont chauds, faites revenir l'oignon, le poivron, le panais, la carotte et le brocoli pendant env. 3 minutes jusqu'à ce qu'il soit aromatique.

Ajouter l'ail et le cumin moulu; poursuivre la cuisson encore 30 secondes jusqu'à ce qu'elle soit aromatique.

Placer le riz brun dans une casserole et couvrir d'eau froide sur 2 pouces. Porter à ébullition. Augmentez le feu et poursuivez la cuisson environ 30 minutes ou jusqu'à tendreté.

Incorporer le riz au mélange de légumes; assaisonner avec du sel, du poivre noir et du curcuma moulu; garnir de coriandre fraîche et servir immédiatement. Bon appétit!

Grains d'amarante aux noix

(Prêt en 35 minutes environ | Pour 4 personnes)

Par portion : Calories : 356 ; Graisse : 12g ; Glucides : 51,3 g ; Protéines : 12,2 g

ingrédients

- 2 tasses d'eau
- 2 tasses de lait de coco
- 1 tasse d'amarante
- 1 bâton de cannelle
- 1 gousse de vanille
- 4 cuillères à soupe de sirop d'érable
- 4 cuillères à soupe de noix hachées

Directions

Porter l'eau et le lait de coco à ébullition à feu moyen-vif; ajoutez l'amarante, la cannelle et la vanille et augmentez le feu.

Laisser cuire environ 30 minutes en remuant de temps en temps pour éviter que l'amarante ne colle au fond de la casserole.

Garnir de sirop d'érable et de noix. Bon appétit!

Faire du pilaf d'orge aux champignons sauvages

(Prêt en 45 minutes environ | Pour 4 personnes)

Par portion : Calories : 288 ; Matière grasse : 7,7 g ; Glucides : 45,3 g ; Protéines : 12,1 g

ingrédients

- 2 cuillères à soupe de beurre végétalien
- 1 petit oignon, haché
- 1 cuillère à café d'ail, émincé
- 1 piment jalapeno, épépiné et haché
- 1 livre de champignons sauvages, tranchés
- 1 tasse d'orge perlé moyenne, rincée
- 2 ¾ dl de bouillon de légumes

Directions

Faire fondre le beurre végétalien dans une casserole à feu moyen-vif.

Lorsqu'il est chaud, faites revenir l'oignon pendant environ 3 minutes, jusqu'à ce qu'il soit tendre.

Ajouter l'ail, le piment jalapeno et les champignons; continuer à faire sauter 2 minutes ou jusqu'à ce qu'il soit aromatique.

Ajouter l'orge et le bouillon, couvrir et laisser mijoter env. 30 minutes. Lorsque tout le liquide est absorbé, laissez reposer l'orge environ 10 minutes à la fourchette.

Goûtez et rectifiez les assaisonnements. Bon appétit!

Muffins sucrés au pain de maïs

(Prêt en 30 minutes environ | Pour 8 personnes)

Par portion : Calories : 311 ; Matières grasses : 13,7 g ; Glucides : 42,3 g ; Protéine : 4,5 g

ingrédients

1 tasse de farine tout usage

1 tasse de semoule de maïs jaune

1 cuillère à café de levure chimique

1 cuillère à café de levure chimique

1 cuillère à café de sel casher

1/2 tasse de sucre

1/2 cuillère à café de cannelle moulue

1 1/2 dl de lait d'amande

1/2 tasse de beurre végétalien, fondu

2 cuillères à soupe de compote de pommes

Directions

Commencez par préchauffer votre four à 420 degrés F. Vaporisez maintenant un moule à muffins avec un spray antiadhésif.

Mélangez soigneusement la farine, la semoule de maïs, la levure chimique, le sel, le sucre et la cannelle dans un bol.

Ajoutez progressivement le lait, le beurre et la compote de pommes en fouettant constamment pour éviter les grumeaux.

Verser la pâte dans le moule à muffins préparé. Cuire les muffins pendant environ 25 minutes ou jusqu'à ce qu'un cure-dent inséré au centre en ressorte propre et sec.

Transférer sur une grille et laisser reposer 5 minutes avant de retirer et de servir. Bon appétit!

Bouillie de riz aromatique aux figues séchées

(Prêt en 45 minutes environ | Pour 4 personnes)

Par portion : Calories : 407 ; Matière grasse : 7,5 g ; Glucides : 74,3 g ; Protéines : 10,7 g

ingrédients

2 tasses d'eau

1 tasse de riz blanc à grains moyens

3½ dl de lait de coco

1/2 tasse de sucre de coco

1 bâton de cannelle

1 gousse de vanille

1/2 tasse de figues séchées, hachées

4 cuillères à soupe de noix de coco hachée

Directions

Dans une casserole, porter l'eau à ébullition à feu moyen-vif. Augmentez immédiatement le feu, ajoutez le riz et laissez cuire environ 20 minutes.

Ajoutez le lait, le sucre et les épices et poursuivez la cuisson encore 20 minutes en remuant constamment pour éviter que le riz ne colle à la poêle.

Complétez avec des figues séchées et de la noix de coco ; Servez votre pudding tiède ou à température ambiante. Bon appétit!

Potage au Quinoa

(Prêt en 25 minutes environ | Pour 4 personnes)

Par portion : Calories : 466 ; Matières grasses : 11,1 g ; Glucides : 76 g ; Protéines : 16,1 g

ingrédients

2 cuillères à soupe d'huile d'olive

1 oignon, haché

4 pommes de terre moyennes, pelées et coupées en dés

1 carotte, pelée et coupée en dés

1 panais, pelé et coupé en dés

1 piment jalapeno, épépiné et haché

4 tasses de bouillon de légumes

1 tasse de quinoa

Sel de mer et poivre blanc moulu au goût

Directions

Dans une poêle à fond épais, faites chauffer l'huile d'olive à feu moyen-vif. Faire revenir l'oignon, les pommes de terre, les carottes, les panais et le poivron pendant environ 5 minutes ou jusqu'à ce qu'ils soient tendres.

Ajouter le bouillon de légumes et le quinoa ; porter à ébullition.

Augmentez immédiatement le feu à vif pendant environ 15 minutes ou jusqu'à ce que le quinoa soit tendre.

Assaisonnez avec du sel et du poivre selon votre goût. Mixez la soupe avec un mixeur plongeant. Réchauffez le plat juste avant de servir et dégustez !

Bol de sorgho aux amandes

(Prêt en 15 minutes environ | Pour 4 personnes)

Par portion : Calories : 384 ; Matières grasses : 14,7 g ; Glucides : 54,6 g ; Protéines : 13,9 g

ingrédients

1 tasse de sorgho

3 tasses de lait d'amande

Une pincée de sel marin

Une pincée de muscade râpée

1/2 cuillère à café de cannelle moulue

1/4 cuillère à café de cardamome moulue

1 cuillère à café de gingembre confit

4 cuillères à soupe de cassonade

4 cuillères à soupe d'amandes tranchées

Directions

Mélanger le sorgho, le lait d'amande, le sel, la muscade, la cannelle, la cardamome et le gingembre confit dans une casserole ; cuire doucement pendant environ 15 minutes.

Ajoutez la cassonade, mélangez et versez le porridge dans les bols.

Garnir d'amandes et servir immédiatement. Bon appétit!

Muffins boulgour aux raisins secs

(Prêt en 20 minutes environ | Pour 6 personnes)

Par portion : Calories : 306 ; Matières grasses : 12,1 g ; Glucides : 44,6 g ; Protéines : 6,1 g

ingrédients

1 tasse de boulgour, cuit

4 cuillères à soupe d'huile de coco fondue

1 cuillère à café de levure chimique

1 cuillère à café de levure chimique

2 cuillères à soupe d'œufs de lin

1 ¼ tasse de farine tout usage

1/2 tasse de farine de noix de coco

1 tasse de lait de coco

4 cuillères à soupe de cassonade

1/2 tasse de raisins secs, emballés

Directions

Commencez par préchauffer le four à 420 degrés F. Vaporisez un moule à muffins avec une huile de cuisson antiadhésive.

Mélangez soigneusement tous les ingrédients secs. Ajoutez le boulgour cuit.

Dans un autre bol, fouetter tous les ingrédients humides; ajouter le mélange humide au mélange de boulgour; incorporer les raisins secs.

Mélanger jusqu'à ce que tout soit bien combiné mais pas trop ; verser le mélange dans le muffin préparé.

Maintenant, faites cuire vos muffins pendant environ 16 minutes ou jusqu'à ce qu'un cure-dent en ressorte sec et propre. Bon appétit!

Pilaf à l'ancienne

(Prêt en 45 minutes environ | Pour 4 personnes)

Par portion : Calories : 532 ; Matières grasses : 11,4 g ; Glucides : 93 g ; Protéines : 16,3 g

ingrédients

2 cuillères à soupe d'huile de sésame

1 échalote, tranchée

2 poivrons épépinés et tranchés

3 gousses d'ail, émincées

10 onces de pleurotes, nettoyés et tranchés

2 tasses de riz brun

2 tomates, en purée

2 dl de bouillon de légumes

Sel et poivre noir au goût

1 tasse de grains de maïs sucré

1 tasse de petits pois

Directions

Faites chauffer l'huile de sésame dans une poêle à feu moyen-vif.

Lorsqu'ils sont chauds, faites cuire les échalotes et les poivrons pendant environ 3 minutes, jusqu'à ce qu'ils soient tendres.

Ajouter l'ail et les pleurotes; continuer à faire sauter pendant environ 1 minute jusqu'à ce qu'il soit aromatique.

Placer le riz trempé dans le mélange de champignons, les tomates, le bouillon, le sel, le poivre noir, le maïs et les petits pois dans un plat allant au four légèrement huilé.

Cuire à couvert à 375 degrés F pendant environ 40 minutes, en remuant après 20 minutes. Bon appétit!

Salade de Freekeh au Za'atar

(Prêt en 35 minutes environ | Pour 4 personnes)

Par portion : Calories : 352 ; Matières grasses : 17,1 g ; Glucides : 46,3 g ; Protéine : 8 g

ingrédients

1 tasse de freekeh

2½ dl d'eau

1 tasse de tomates cerises, coupées en deux

2 poivrons épépinés et tranchés

1 piment habanero, épépiné et tranché

1 oignon, tranché finement

2 cuillères à soupe de coriandre fraîche hachée

2 cuillères à soupe de persil frais haché

2 onces d'olives vertes, dénoyautées et tranchées

1/4 tasse d'huile d'olive extra vierge

2 cuillères à soupe de jus de citron

1 cuillère à café de moutarde gourmande

1 cuillère à café de zaatar

Sel de mer et poivre noir moulu au goût

Directions

Mettez le freekeh et l'eau dans une casserole. Porter à ébullition à feu moyen-vif.

Réduisez immédiatement le feu et laissez mijoter pendant 30 à 35 minutes, en remuant de temps en temps pour favoriser une cuisson uniforme. Laissez refroidir complètement.

Mélangez le freekeh cuit avec les autres ingrédients. Jetez pour bien mélanger.

Bon appétit!

Soupe de légumes à l'amarante

(Prêt en 30 minutes environ | Pour 4 personnes)

Par portion : Calories : 196 ; Matière grasse : 8,7 g ; Glucides : 26,1 g ; Protéines : 4,7 g

ingrédients

2 cuillères à soupe d'huile d'olive

1 petite échalote hachée

1 carotte, parée et hachée

1 panais, paré et haché

1 tasse de courge jaune, pelée et hachée

1 cuillère à café de graines de fenouil

1 cuillère à café de graines de céleri

1 cuillère à café de poudre de curcuma

1 laurier

1/2 tasse d'amarante

2 tasses de crème de céleri

2 tasses d'eau

2 tasses de chou vert, râpé

Sel de mer et poivre noir moulu au goût

Directions

Dans une poêle à fond épais, faites chauffer l'huile d'olive jusqu'à ce qu'elle grésille. Lorsqu'elles sont chaudes, faire revenir les échalotes, les carottes, les panais et la courge pendant 5 minutes ou jusqu'à ce qu'elles soient tendres.

Faites ensuite revenir les graines de fenouil, les graines de céleri, la poudre de curcuma et les feuilles de laurier pendant environ 30 secondes jusqu'à ce qu'elles soient aromatiques.

Ajouter l'amarante, la soupe et l'eau. Portez le feu à ébullition. Couvrir et laisser mijoter 15 à 18 minutes.

Ajoutez ensuite les légumes, assaisonnez de sel et de poivre noir et laissez mijoter encore 5 minutes. Apprécier!

Polenta aux champignons et pois chiches

(Prêt en 25 minutes environ | Pour 4 personnes)

Par portion : Calories : 488 ; Matière grasse : 12,2 g ; Glucides : 71g ; Protéines : 21,4 g

ingrédients

3 tasses de bouillon de légumes

1 tasse de semoule de maïs jaune

2 cuillères à soupe d'huile d'olive

1 oignon, haché

1 poivron épépiné et tranché

1 livre de champignons cremini, tranchés

2 gousses d'ail, hachées

1/2 verre de vin blanc sec

1/2 tasse de bouillon de légumes

Sel casher et poivre noir fraîchement moulu au goût

1 cuillère à café de paprika

1 tasse de pois chiches en conserve, égouttés

Directions

Dans une casserole moyenne, porter à ébullition le bouillon de légumes à feu moyen-vif. Ajoutez maintenant la farine de maïs tout en continuant de battre pour éviter les grumeaux.

Réduire le feu et laisser mijoter. Continuez à laisser mijoter, en fouettant de temps en temps, pendant environ 18 minutes, jusqu'à ce que le mélange épaississe.

Pendant ce temps, faites chauffer l'huile d'olive dans une poêle à feu moyen-vif. Cuire l'oignon et le poivron pendant environ 3 minutes ou jusqu'à ce qu'ils soient tendres et parfumés.

Ajouter les champignons et l'ail; continuer à frire, en ajoutant progressivement le vin et le bouillon, pendant encore 4 minutes ou jusqu'à ce qu'il soit cuit. Assaisonner avec du sel, du poivre noir et du paprika. Ajoutez les pois chiches.

Versez le mélange de champignons sur la polenta et servez chaud. Bon appétit!

Salade de teff à l'avocat et aux haricots

(Prêt en 20 minutes environ + temps de refroidissement | Pour 2 personnes)

Par portion : Calories : 463 ; Matière grasse : 21,2 g ; Glucides : 58,9 g ; Protéines : 13,1 g

ingrédients

2 tasses d'eau

1/2 tasse de haricots teff

1 cuillère à café de jus de citron frais

3 cuillères à soupe de mayonnaise végétalienne

1 cuillère à café de moutarde gourmande

1 petit avocat dénoyauté, pelé et tranché

1 petit oignon rouge, tranché finement

1 petit concombre persan, tranché

1/2 tasse de haricots en conserve, égouttés

2 tasses de bébés épinards

Directions

Dans une casserole profonde, porter l'eau à ébullition à feu vif. Ajoutez les grains de teff et augmentez le feu.

Continuer la cuisson, à couvert, pendant environ 20 minutes ou jusqu'à tendreté. Laissez refroidir complètement.

Ajouter le reste des ingrédients et remuer pour combiner. Servir à température ambiante. Bon appétit!

Gruau de nuit aux noix

(Prêt en 5 minutes environ + temps de refroidissement | 3 portions)

Par portion : Calories : 423 ; Matières grasses : 16,8 g ; Glucides : 53,1 g ; Protéines : 17,3 g

ingrédients

1 tasse de flocons d'avoine à l'ancienne

3 cuillères à soupe de graines de chia

1½ dl de lait de coco

3 cuillères à café de sirop d'agave

1 cuillère à café d'extrait de vanille

1/2 cuillère à café de cannelle moulue

3 cuillères à soupe de noix hachées

Une pincée de sel

Une pincée de muscade râpée

Directions

Répartissez les ingrédients dans trois bocaux en verre.

Couvrir et secouer pour bien mélanger. Laissez-les toute la nuit au réfrigérateur.

Vous pouvez ajouter un peu plus de lait avant de servir. Apprécier!

Boules d'énergie à la carotte

(Prêt en 10 minutes environ + temps de refroidissement | 8 portions)

Par portion : Calories : 495 ; Matières grasses : 21,1 g ; Glucides : 58,4 g ; Protéines : 22,1 g

ingrédients

1 grosse carotte, râpée

1½ dl de flocons d'avoine à l'ancienne

1 tasse de raisins secs

1 tasse de dattes, dommage

1 tasse de flocons de noix de coco

1/4 cuillère à café de clous de girofle écrasés

1/2 cuillère à café de cannelle moulue

Directions

Mélanger tous les ingrédients au robot culinaire jusqu'à obtenir une consistance lisse et collante.

Formez avec la pâte des boules de taille égale.

Placer au réfrigérateur jusqu'au moment de servir. Bon appétit!

Morceaux croustillants de patate douce

(Prêt en 25 minutes environ + temps de refroidissement | 4 portions)

Par portion : Calories : 215 ; Matière grasse : 4,5 g ; Glucides : 35 g ; Protéines : 8,7 g

ingrédients

4 patates douces, pelées et râpées

2 œufs de chia

1/4 tasse de levure nutritionnelle

2 cuillères à soupe de tahin

2 cuillères à soupe de farine de pois chiches

1 cuillère à café de poudre d'échalote

1 cuillère à café de poudre d'ail

1 cuillère à café de paprika

Sel de mer et poivre noir moulu au goût

Directions

Commencez par préchauffer le four à 395 degrés F. Tapisser une plaque à pâtisserie de papier sulfurisé ou d'un tapis Silpat.

Mélangez soigneusement tous les ingrédients jusqu'à ce que tout soit bien incorporé.

Formez avec la pâte des boules de taille égale et placez-les au réfrigérateur pendant environ 1 heure.

Faites cuire ces boules pendant environ 25 minutes en les retournant à mi-cuisson. Bon appétit!

Petites carottes glacées rôties

(Prêt en 30 minutes environ | Pour 6 personnes)

Par portion : Calories : 165 ; Matières grasses : 10,1 g ; Glucides : 16,5 g ; Protéine : 1,4 g

ingrédients

2 livres de mini-carottes

1/4 tasse d'huile d'olive

1/4 tasse de vinaigre de cidre de pomme

1/2 cuillère à café de flocons de piment rouge

Sel de mer et poivre noir fraîchement moulu au goût

1 cuillère à soupe de sirop d'agave

2 cuillères à soupe de sauce soja

1 cuillère à soupe de coriandre fraîche hachée

Directions

Commencez par préchauffer le four à 395 degrés F.

Mélangez ensuite les carottes avec l'huile d'olive, le vinaigre, le piment, le sel, le poivre noir, le sirop d'agave et la sauce soja.

Rôtissez les carottes pendant environ 30 minutes en retournant la poêle une ou deux fois. Garnir de coriandre fraîche et servir. Bon appétit!

Chips de chou au four

(Prêt en 20 minutes environ | Pour 8 personnes)

Par portion : Calories : 65 ; Matière grasse : 3,9 g ; Glucides : 5,3 g ; Protéines : 2,4 g

ingrédients

2 bottes de chou, feuilles séparées

2 cuillères à soupe d'huile d'olive

1/2 cuillère à café de graines de moutarde

1/2 cuillère à café de graines de céleri

1/2 cuillère à café d'origan séché

1/4 cuillère à café de cumin moulu

1 cuillère à café de poudre d'ail

Gros sel de mer et poivre noir moulu au goût

Directions

Commencez par préchauffer le four à 340 degrés F. Tapisser une plaque à pâtisserie de papier sulfurisé ou de Silpat mar.

Mélanger les feuilles de chou avec le reste des ingrédients jusqu'à ce qu'elles soient bien enrobées.

Cuire au four préchauffé pendant environ 13 minutes, en retournant le moule une ou deux fois. Bon appétit!

Sauce au fromage de cajou

(Prêt en 10 minutes environ | Pour 8 personnes)

Par portion : Calories : 115 ; Matière grasse : 8,6 g ; Glucides : 6,6 g ; Protéines : 4,4 g

ingrédients

1 tasse de noix de cajou crues

1 citron fraîchement pressé

2 cuillères à soupe de tahin

2 cuillères à soupe de levure nutritionnelle

1/2 cuillère à café de poudre de curcuma

1/2 cuillère à café de flocons de piment rouge, écrasés

Sel de mer et poivre noir moulu au goût

Directions

Placez tous les ingrédients dans le bol de votre robot culinaire. Mixez jusqu'à obtenir un mélange homogène, crémeux et onctueux. Vous pouvez ajouter un peu d'eau pour diluer si nécessaire.

Versez votre sauce dans un bol de service; servir avec des bâtonnets de légumes, des chips ou des craquelins.

Bon appétit!

Trempette au houmous et au piment

(Prêt en 10 minutes environ | Pour 10 personnes)

Par portion : Calories : 155 ; Matière grasse : 7,9 g ; Glucides : 17,4 g ; Protéines : 5,9 g

ingrédients

20 onces de pois chiches en conserve ou cuits, égouttés

1/4 tasse de tahin

2 gousses d'ail, hachées

2 cuillères à soupe de jus de citron fraîchement pressé

1/2 tasse de liquide de pois chiches

2 poivrons rouges rôtis, épépinés et tranchés

1/2 cuillère à café de paprika

1 cuillère à café de basilic séché

Sel de mer et poivre noir moulu au goût

2 cuillères à soupe d'huile d'olive

Directions

Mélanger tous les ingrédients, sauf l'huile, dans un mélangeur ou un robot culinaire jusqu'à obtenir la consistance désirée.

Placer au réfrigérateur jusqu'au moment de servir.

Servir avec des chips ou des chips de pita grillées, si désiré. Bon appétit!

Mutabal libanais traditionnel

(Prêt en 10 minutes environ | Pour 6 personnes)

Par portion : Calories : 115 ; Matière grasse : 7,8 g ; Glucides : 9,8 g ; Protéines : 2,9 g

ingrédients

1 kilo d'aubergines

1 oignon, haché

1 cuillère à soupe de pâte d'ail

4 cuillères à soupe de tahin

1 cuillère à soupe d'huile de coco

2 cuillères à soupe de jus de citron

1/2 cuillère à café de coriandre moulue

1/4 tasse de clous de girofle moulus

1 cuillère à café de flocons de piment rouge

1 cuillère à café de paprika fumé

Sel de mer et poivre noir moulu au goût

Directions

Rôtir les aubergines jusqu'à ce que la peau devienne noire ; épluchez les aubergines et transférez-les dans le bol du robot culinaire.

Ajoutez les autres ingrédients. Mélangez jusqu'à ce que tout soit bien incorporé.

Servir avec des croûtons ou du pain pita, si désiré. Bon appétit!

Pois chiches rôtis à l'indienne

(Prêt en 10 minutes environ | Pour 8 personnes)

Par portion : Calories : 223 ; Matières grasses : 6,4 g ; Glucides : 32,2 g ; Protéines : 10,4 g

ingrédients

2 tasses de pois chiches en conserve, égouttés

2 cuillères à soupe d'huile d'olive

1/2 cuillère à café de poudre d'ail

1/2 cuillère à café de paprika

1 cuillère à café de curry en poudre

1 cuillère à café de garam masala

Sel de mer et piment au goût

Directions

Séchez les pois chiches avec du papier absorbant. Versez l'huile d'olive sur les pois chiches.

Rôtir les pois chiches dans le four préchauffé à 400 degrés F pendant environ 25 minutes, en les retournant une ou deux fois.

Mélangez vos pois chiches avec des épices et dégustez !

Avocat à la sauce tahini

(Prêt en 10 minutes environ | Pour 4 personnes)

Par portion : Calories : 304 ; Matière grasse : 25,7 g ; Glucides : 17,6 g ; Protéine : 6 g

ingrédients

2 gros avocats dénoyautés et coupés en deux

4 cuillères à soupe de tahin

4 cuillères à soupe de sauce soja

1 cuillère à soupe de jus de citron

1/2 cuillère à café de flocons de piment rouge

Sel de mer et poivre noir moulu au goût

1 cuillère à café de poudre d'ail

Directions

Disposez les moitiés d'avocat dans une assiette de service.

Mélangez le tahini, la sauce soja, le jus de citron, la poudre de chili, le sel, le poivre noir et la poudre d'ail dans un petit bol. Répartissez la salsa entre les moitiés d'avocat.

Bon appétit!

Croquettes de patates douces

(Prêt en 25 minutes environ + temps de refroidissement | 4 portions)

Par portion : Calories : 232 ; Matières grasses : 7,1 g ; Glucides : 37g ; Protéines : 8,4 g

ingrédients

1 ½ livre de patates douces, hachées

2 œufs de chia

1/2 tasse de farine nature

1/2 tasse de chapelure

3 cuillères à soupe de houmous

Sel de mer et poivre noir au goût

1 cuillère à soupe d'huile d'olive

1/2 tasse de sauce salsa

Directions

Commencez par préchauffer le four à 395 degrés F. Tapisser une plaque à pâtisserie de papier sulfurisé ou d'un tapis Silpat.

Bien mélanger tous les ingrédients sauf la sauce jusqu'à ce que tout soit bien incorporé.

Formez avec la pâte des boules de taille égale et placez-les au réfrigérateur pendant environ 1 heure.

Faites cuire ces boules pendant environ 25 minutes en les retournant à mi-cuisson. Bon appétit!

Sauce aux tomates rôties et poivrons

(Prêt en 35 minutes environ | Pour 10 personnes)

Par portion : Calories : 90 ; Matière grasse : 5,7 g ; Glucides : 8,5 g ; Protéine : 1,9 g

ingrédients

4 poivrons rouges

4 tomates

4 cuillères à soupe d'huile d'olive

1 oignon rouge, haché

4 gousses d'ail

4 onces de boîte de pois chiches, égouttés

Sel de mer et poivre noir moulu au goût

Directions

Commencez par préchauffer le four à 400 degrés F.

Disposez les poivrons et les tomates sur une plaque à pâtisserie recouverte de papier sulfurisé. Cuire environ 30 minutes; épluchez les poivrons et placez-les dans le robot culinaire avec les tomates rôties.

Pendant ce temps, faites chauffer 2 cuillères à soupe d'huile d'olive dans une poêle à feu moyen-vif. Faire revenir l'oignon et l'ail pendant environ 5 minutes ou jusqu'à ce qu'ils soient tendres.

Ajoutez les légumes sautés dans votre robot culinaire. Ajouter les pois chiches, le sel, le poivre et le reste de l'huile d'olive; mélanger jusqu'à ce qu'il soit crémeux et lisse.

Bon appétit!

Mélange de fête classique

(Prêt en 1 heure et 5 minutes environ | Pour 15 personnes)

Par portion : Calories : 290 ; Matière grasse : 12,2 g ; Glucides : 39 g ; Protéine : 7,5 g

ingrédients

5 tasses de gruau de maïs végétalien

3 tasses de mini bretzels végétaliens

1 tasse d'amandes grillées

1/2 tasse de pépites, grillées

1 cuillère à soupe de levure nutritionnelle

1 cuillère à soupe de vinaigre balsamique

1 cuillère à soupe de sauce soja

1 cuillère à café de poudre d'ail

1/3 tasse de beurre végétalien

Directions

Commencez par préchauffer le four à 250 degrés F. Tapisser une grande plaque à pâtisserie de papier sulfurisé ou d'un tapis Silpat.

Mélanger les céréales, les bretzels, les amandes et les pépites dans un bol de service.

Dans une petite casserole, faire fondre le reste des ingrédients à feu modéré. Versez la sauce sur le mélange de céréales et de noix.

Cuire environ 1 heure, en remuant toutes les 15 minutes, jusqu'à ce qu'ils soient dorés et parfumés. Transférer sur une grille pour refroidir complètement. Bon appétit!

Crostini à l'ail et à l'huile d'olive

(Prêt en 10 minutes environ | Pour 4 personnes)

Par portion : Calories : 289 ; Matière grasse : 8,2 g ; Glucides : 44,9 g ; Protéines : 9,5 g

ingrédients

1 baguette complète, tranchée

4 cuillères à soupe d'huile d'olive extra vierge

1/2 cuillère à café de sel marin

3 gousses d'ail, coupées en deux

Directions

Préchauffez le gril.

Badigeonner chaque tranche de pain d'huile d'olive et saupoudrer de sel marin. Placer sous le gril préchauffé pendant environ 2 minutes ou jusqu'à ce qu'il soit légèrement grillé.

Frotter chaque tranche de pain avec de l'ail et servir. Bon appétit!

Boulettes de viande végétaliennes classiques

(Prêt en 15 minutes environ | Pour 4 personnes)

Par portion : Calories : 159 ; Matière grasse : 9,2 g ; Glucides : 16,3 g ; Protéines : 2,9 g

ingrédients

1 tasse de riz brun, cuit et refroidi

1 tasse de haricots rouges en conserve ou cuits, égouttés

1 cuillère à café d'ail frais, émincé

1 petit oignon, haché

Sel de mer et poivre noir moulu au goût

1/2 cuillère à café de poivre de Cayenne

1/2 cuillère à café de paprika fumé

1/2 cuillère à café de graines de coriandre

1/2 cuillère à café de graines de moutarde coriandre

2 cuillères à soupe d'huile d'olive

Directions

Mélangez soigneusement tous les ingrédients, sauf l'huile d'olive, dans un bol. Bien mélanger puis façonner le mélange en boules de taille égale avec les mains huilées.

Ensuite, faites chauffer l'huile d'olive dans une poêle antiadhésive à feu moyen. Une fois chaudes, faites frire les boulettes de viande pendant environ 10 minutes jusqu'à ce qu'elles soient dorées de tous les côtés.

Servir avec des piques à cocktail et déguster !

Panais rôtis au balsamique

(Prêt en 30 minutes environ | Pour 6 personnes)

Par portion : Calories : 174 ; Matières grasses : 9,3 g ; Glucides : 22,2 g ; Protéine : 1,4 g

ingrédients

1 ½ livre de panais, coupés en bâtonnets

1/4 tasse d'huile d'olive

1/4 tasse de vinaigre balsamique

1 cuillère à café de moutarde de Dijon

1 cuillère à café de graines de fenouil

Sel de mer et poivre noir moulu au goût

1 cuillère à café de mélange d'épices méditerranéennes

Directions

Mélanger tous les ingrédients dans un bol jusqu'à ce que les panais soient bien enrobés.

Rôtir les panais dans le four préchauffé à 400 degrés F pendant environ 30 minutes, en remuant à mi-cuisson.

Servez à température ambiante et bon appétit !

Baba Ganoush traditionnelle

(Prêt en 25 minutes environ | Pour 8 personnes)

Par portion : Calories : 104 ; Matière grasse : 8,2 g ; Glucides : 5,3 g ; Protéine : 1,6 g

ingrédients

1 livre d'aubergines, coupées en rondelles

1 cuillère à café de gros sel marin

3 cuillères à soupe d'huile d'olive

3 cuillères à soupe de jus de citron vert frais

2 gousses d'ail, hachées

3 cuillères à soupe de tahin

1/4 cuillère à café de clous de girofle écrasés

1/2 cuillère à café de cumin moulu

2 cuillères à soupe de persil frais, haché grossièrement

Directions

Frottez du sel marin sur les rondelles d'aubergines. Mettez-les ensuite dans une passoire et laissez-les reposer environ 15 minutes ; égoutter, rincer et sécher avec du papier absorbant.

Rôtir les aubergines jusqu'à ce que la peau devienne noire ; épluchez les aubergines et transférez-les dans le bol du robot culinaire.

Ajouter l'huile d'olive, le jus de citron vert, l'ail, le tahini, les clous de girofle et le cumin. Mélangez jusqu'à ce que tout soit bien incorporé.

Garnissez de feuilles de persil frais et dégustez !

Bouchées de dattes au beurre de cacahuète

(Prêt en 5 minutes environ | Pour 2 personnes)

Par portion : Calories : 143 ; Matière grasse : 3,9 g ; Glucides : 26,3 g ; Protéines : 2,6 g

ingrédients

8 dattes fraîches, dénoyautées et coupées en deux

8 cuillères à café de beurre de cacahuète

1/4 cuillère à café de cannelle moulue

Directions

Étalez le beurre de cacahuète entre les deux moitiés de dattes.

Saupoudrer de cannelle et servir aussitôt. Bon appétit!

Trempette au chou-fleur rôti

(Prêt en 30 minutes environ | Pour 7 personnes)

Par portion : Calories : 142 ; Matière grasse : 12,5 g ; Glucides : 6,3 g ; Protéines : 2,9 g

ingrédients

1 lb de fleurons de chou-fleur

1/4 tasse d'huile d'olive

4 cuillères à soupe de tahin

1/2 cuillère à café de paprika

Sel de mer et poivre noir moulu au goût

2 cuillères à soupe de jus de citron vert frais

2 gousses d'ail, hachées

Directions

Commencez par préchauffer le four à 420 degrés F. Mélangez les fleurons de chou-fleur avec l'huile d'olive et placez-les sur une plaque à pâtisserie tapissée de papier sulfurisé.

Cuire environ 25 minutes ou jusqu'à tendreté.

Mélangez ensuite le chou-fleur avec le reste des ingrédients, en ajoutant un peu de liquide de cuisson si nécessaire.

Arroser d'huile supplémentaire si vous le souhaitez. Bon appétit!

Rouleaux de courgettes faciles

(Prêt en 10 minutes environ | Pour 5 personnes)

Par portion : Calories : 99 ; Matières grasses : 4,4 g ; Glucides : 12,1 g ; Protéines : 3,1 g

ingrédients

1 tasse de houmous, de préférence fait maison

1 tomate moyenne, hachée

1 cuillère à café de moutarde

1/4 cuillère à café d'origan

1/2 cuillère à café de poivre de Cayenne

Sel de mer et poivre noir moulu au goût

1 grosse courgette, coupée en lanières

2 cuillères à soupe de basilic frais haché

2 cuillères à soupe de persil frais haché

Directions

Mélangez soigneusement le houmous, la tomate, la moutarde, l'origan, le poivre de Cayenne, le sel et le poivre noir dans un bol.

Répartissez la garniture entre les lanières de citrouille et répartissez uniformément. Rouler les courgettes et garnir de basilic frais et de persil.

Bon appétit!

Frites de patates douces chipotle

(Prêt en 45 minutes environ | Pour 4 personnes)

Par portion : Calories : 186 ; Matières grasses : 7,1 g ; Glucides : 29,6 g ; Protéine : 2,5 g

ingrédients

4 patates douces moyennes, pelées et coupées en bâtonnets

2 cuillères à soupe d'huile d'arachide

Sel de mer et poivre noir moulu au goût

1 cuillère à café de poudre de chili chipotle

1/4 cuillère à café de piment de la Jamaïque moulu

1 cuillère à café de cassonade

1 cuillère à café de romarin séché

Directions

Assaisonnez les frites avec les autres ingrédients.

Cuire les frites à 375 degrés F pendant environ 45 minutes ou jusqu'à ce qu'elles soient dorées ; assurez-vous de remuer les chips une ou deux fois.

Servir avec votre trempette préférée, si vous le souhaitez. Bon appétit!

Sauce aux haricots cannellini

(Prêt en 10 minutes environ | Pour 6 personnes)

Par portion : Calories : 123 ; Matière grasse : 4,5 g ; Glucides : 15,6 g ; Protéines : 5,6 g

ingrédients

10 onces de haricots cannellini en conserve, égouttés

1 gousse d'ail, hachée

2 poivrons rôtis, tranchés

Ajouter du poivre noir fraîchement moulu au goût

1/2 cuillère à café de cumin moulu

1/2 cuillère à café de graines de moutarde

1/2 cuillère à café de feuilles de laurier moulues

3 cuillères à soupe de tahin

2 cuillères à soupe de persil italien frais, haché

Directions

Placez tous les ingrédients, sauf le persil, dans le bol de votre mixeur ou robot culinaire. Blitz jusqu'à ce que le tout soit bien mélangé.

Versez la sauce dans un bol de service et décorez de persil frais.

Servir avec du pain pita, des chips tortilla ou des bâtonnets de légumes, si désiré. Apprécier!

Bol de haricots à la mexicaine

(Prêt en environ 1 heure + temps de refroidissement | Portions 6)

Par portion : Calories : 465 ; Matière grasse : 17,9 g ; Glucides : 60,4 g ; Protéines : 20,2 g

ingrédients

1 livre de haricots rouges, trempés toute la nuit et égouttés

1 tasse de grains de maïs en conserve, égouttés

2 poivrons rôtis, tranchés

1 piment, finement haché

1 tasse de tomates cerises, coupées en deux

1 oignon rouge, haché

1/4 tasse de coriandre fraîche, hachée

1/4 tasse de persil frais, haché

1 cuillère à café d'origan mexicain

1/4 tasse de vinaigre de vin rouge

2 cuillères à soupe de jus de citron frais

1/3 tasse d'huile d'olive extra vierge

Mer moulue et sel noir au goût

1 avocat pelé, dénoyauté et tranché

Directions

Couvrir les haricots trempés avec un peu d'eau froide et porter à ébullition. Laissez bouillir environ 10 minutes. Réduire le feu et laisser mijoter et poursuivre la cuisson pendant 50 à 55 minutes ou jusqu'à tendreté.

Laissez les haricots refroidir complètement, puis transférez-les dans un saladier.

Ajouter le reste des ingrédients et mélanger pour bien combiner. Servir à température ambiante.

Bon appétit!

Le minestrone italien classique

(Prêt en 30 minutes environ | Pour 5 personnes)

Par portion : Calories : 305 ; Matière grasse : 8,6 g ; Glucides : 45,1 g ; Protéines : 14,2 g

ingrédients

2 cuillères à soupe d'huile d'olive

1 gros oignon, coupé en dés

2 carottes, tranchées

4 gousses d'ail, émincées

1 tasse de pâte pour coude

5 tasses de bouillon de légumes

1 boîte (15 onces) de haricots blancs, égouttés

1 gros dés de courgette

1 boîte (28 onces) de tomates écrasées

1 cuillère à soupe de feuilles d'origan fraîches, hachées

1 cuillère à soupe de feuilles de basilic frais hachées

1 cuillère à soupe de persil italien frais, haché

Directions

Faites chauffer l'huile d'olive dans une cocotte jusqu'à ce qu'elle grésille. Maintenant, faites frire les oignons et les carottes jusqu'à ce qu'ils soient tendres.

Ajouter l'ail, les pâtes non cuites et le bouillon; laissez cuire environ 15 minutes.

Incorporez les haricots, les courgettes, les tomates et les herbes et poursuivez la cuisson à couvert pendant environ 10 minutes, jusqu'à ce que tout soit cuit.

Garnir de quelques herbes supplémentaires si vous le souhaitez. Bon appétit!

Casserole de lentilles vertes au chou

(Prêt en 30 minutes environ | Pour 5 personnes)

Par portion : Calories : 415 ; Matières grasses : 6,6 g ; Glucides : 71g ; Protéines : 18,4 g

ingrédients

2 cuillères à soupe d'huile d'olive

1 oignon, haché

2 patates douces, pelées et coupées en dés

1 poivron, haché

2 carottes, hachées

1 panais, haché

1 céleri, haché

2 gousses d'ail

1½ dl de lentilles vertes

1 cuillère à soupe de mélange d'herbes italiennes

1 tasse de sauce tomate

5 tasses de bouillon de légumes

1 tasse de maïs surgelé

1 tasse de chou vert, haché

Directions

Faites chauffer l'huile d'olive dans une cocotte jusqu'à ce qu'elle grésille. Faites maintenant revenir les oignons, les patates douces, les poivrons, les carottes, les panais et le céleri jusqu'à ce qu'ils soient tendres.

Ajoutez l'ail et continuez à frire pendant encore 30 secondes.

Ajoutez maintenant les lentilles vertes, le mélange d'herbes italiennes, la sauce tomate et le bouillon de légumes ; laissez mijoter environ 20 minutes jusqu'à ce que tout soit cuit.

Ajouter le maïs surgelé et le chou vert; couvrir et laisser mijoter encore 5 minutes. Bon appétit!

Mélange de légumes du jardin de pois chiches

(Prêt en 30 minutes environ | Pour 4 personnes)

Par portion : Calories : 369 ; Matières grasses : 18,1 g ; Glucides : 43,5 g ; Protéines : 13,2 g

ingrédients

- 2 cuillères à soupe d'huile d'olive
- 1 oignon, finement haché
- 1 poivron, haché
- 1 fenouil haché
- 3 gousses d'ail, émincées
- 2 tomates mûres, en purée
- 2 cuillères à soupe de persil frais, haché grossièrement
- 2 cuillères à soupe de basilic frais, haché grossièrement
- 2 cuillères à soupe de coriandre fraîche, hachée grossièrement
- 2 dl de bouillon de légumes

14 onces de pois chiches, égouttés

Sel casher et poivre noir moulu au goût

1/2 cuillère à café de poivre de Cayenne

1 cuillère à café de paprika

1 avocat, pelé et tranché

Directions

Dans une poêle à fond épais, faites chauffer l'huile d'olive à feu moyen. Lorsqu'ils sont chauds, faites revenir l'oignon, le poivron et le fenouil pendant environ 4 minutes.

Faire revenir l'ail pendant environ 1 minute ou jusqu'à ce qu'il soit aromatique.

Ajouter les tomates, les herbes fraîches, le bouillon, les pois chiches, le sel, le poivre noir, le poivre de Cayenne et le paprika. Cuire à feu doux, en remuant de temps en temps, pendant environ 20 minutes ou jusqu'à ce qu'il soit bien cuit.

Goûtez et rectifiez les assaisonnements. Servir garni de tranches d'avocat frais. Bon appétit!

Sauce tiède aux haricots

(Prêt en 30 minutes environ | Pour 10 personnes)

Par portion : Calories : 175 ; Matière grasse : 4,7 g ; Glucides : 24,9 g ; Protéines : 8,8 g

ingrédients

2 boîtes (15 onces) de haricots Great Northern, égouttés

2 cuillères à soupe d'huile d'olive

2 cuillères à soupe de sauce Sriracha

2 cuillères à soupe de levure nutritionnelle

4 onces de fromage à la crème végétalien

1/2 cuillère à café de paprika

1/2 cuillère à café de poivre de Cayenne

1/2 cuillère à café de cumin moulu

Sel de mer et poivre noir moulu au goût

4 onces de chips tortilla

Directions

Commencez par préchauffer le four à 360 degrés F.

Mélanger tous les ingrédients, sauf les chips tortilla, au robot culinaire jusqu'à obtenir la consistance désirée.

Cuire la sauce au four préchauffé pendant environ 25 minutes ou jusqu'à ce qu'elle soit chaude.

Servir avec des chips tortilla et déguster !

Salade de soja à la chinoise

(Prêt en 10 minutes environ | Pour 4 personnes)

Par portion : Calories : 265 ; Matières grasses : 13,7 g ; Glucides : 21g ; Protéine : 18 g

ingrédients

1 boîte (15 onces) de graines de soja, égouttées

1 tasse de roquette

1 tasse de bébés épinards

1 tasse de chou frisé, haché

1 oignon, tranché finement

1/2 cuillère à café d'ail, émincé

1 cuillère à café de gingembre haché

1/2 cuillère à café de moutarde gourmande

2 cuillères à soupe de sauce soja

1 cuillère à soupe de vinaigre de riz

1 cuillère à soupe de jus de citron vert

2 cuillères à soupe de tahin

1 cuillère à café de sirop d'agave

Directions

Placer les graines de soja, la roquette, les épinards, le chou et l'oignon dans un saladier ; rouler pour combiner.

Dans un petit bol, fouetter le reste des ingrédients de la vinaigrette.

Disposez votre salade et servez-la aussitôt. Bon appétit!

Chou-fleur rôti épicé

(Prêt en 25 minutes environ | Pour 6 personnes)

Par portion : Calories : 115 ; Matières grasses : 9,3 g ; Glucides : 6,9 g ; Protéines : 5,6 g

ingrédients

1½ livre de fleurons de chou-fleur

1/4 tasse d'huile d'olive

4 cuillères à soupe de vinaigre de cidre de pomme

2 gousses d'ail, écrasées

1 cuillère à café de basilic séché

1 cuillère à café d'origan séché

Sel de mer et poivre noir moulu au goût

Directions

Commencez par préchauffer le four à 420 degrés F.

Mélanger les fleurons de chou-fleur avec le reste des ingrédients.

Disposez les fleurons de chou-fleur sur une plaque à pâtisserie recouverte de papier sulfurisé. Cuire les fleurons de chou-fleur au four préchauffé pendant environ 25 minutes ou jusqu'à ce qu'ils soient légèrement carbonisés.

Bon appétit!

Toum libanais léger

(Prêt en 10 minutes environ | Pour 6 personnes)

Par portion : Calories : 252 ; Graisse : 27g ; Glucides : 3,1 g ; Protéine : 0,4 g

ingrédients

- 2 têtes d'ail
- 1 cuillère à café de gros sel marin
- 1½ dl d'huile d'olive
- 1 citron fraîchement pressé
- 2 tasses de carottes, coupées en allumettes

Directions

Dans votre robot culinaire à haute vitesse, mélangez les gousses d'ail et le sel jusqu'à obtenir une consistance lisse et crémeuse, en raclant les parois du bol.

Ajoutez progressivement et lentement l'huile d'olive et le jus de citron en alternant ces deux ingrédients pour créer une sauce aérée.

Mélangez jusqu'à ce que la sauce épaississe. Servir avec des bâtonnets de carottes et déguster !

Avocat à la sauce épicée au gingembre

(Prêt en 10 minutes environ | Pour 4 personnes)

Par portion : Calories : 295 ; Matières grasses : 28,2 g ; Glucides : 11,3 g ; Protéines : 2,3 g

ingrédients

2 avocats dénoyautés et coupés en deux

1 gousse d'ail, écrasée

1 cuillère à café de gingembre frais, pelé et haché

2 cuillères à soupe de vinaigre balsamique

4 cuillères à soupe d'huile d'olive extra vierge

Sel casher et poivre noir moulu au goût

Directions

Disposez les moitiés d'avocat dans une assiette de service.

Mélanger l'ail, le gingembre, le vinaigre, l'huile d'olive, le sel et le poivre noir dans un petit bol. Répartissez la salsa entre les moitiés d'avocat.

Bon appétit!

Mélange pour collation aux pois chiches

(Prêt en 30 minutes environ | Pour 8 personnes)

Par portion : Calories : 109 ; Matière grasse : 7,9 g ; Glucides : 7,4 g ; Protéines : 3,4 g

ingrédients

1 tasse de pois chiches rôtis, égouttés

2 cuillères à soupe d'huile de coco fondue

1/4 tasse de graines de citrouille crues

1/4 tasse de moitiés de noix de pécan crues

1/3 tasse de cerises séchées

Directions

Séchez les pois chiches avec du papier absorbant. Verser un filet d'huile de coco sur les pois chiches.

Rôtir les pois chiches au four préchauffé à 380 degrés F pendant environ 20 minutes, en les retournant une ou deux fois.

Mélangez vos pois chiches avec les graines de citrouille et les moitiés de noix de pécan. Poursuivre la cuisson jusqu'à ce que les noix soient parfumées, environ 8 minutes ; laisser refroidir complètement.

Ajoutez les cerises séchées et mélangez. Bon appétit!

Trempette Muhammara avec une touche d'originalité

(Prêt en 35 minutes environ | Pour 9 personnes)

Par portion : Calories : 149 ; Matière grasse : 11,5 g ; Glucides : 8,9 g ; Protéines : 2,4 g

ingrédients

3 poivrons rouges

5 cuillères à soupe d'huile d'olive

2 gousses d'ail, hachées

1 tomate, hachée

3/4 tasse de chapelure

2 cuillères à soupe de mélasse

1 cuillère à café de cumin moulu

1/4 graines de tournesol, grillées

1 piment Maras, haché

2 cuillères à soupe de tahin

Sel de mer et piment au goût

Directions

Commencez par préchauffer le four à 400 degrés F.

Disposez les poivrons sur une plaque à pâtisserie recouverte de papier sulfurisé. Cuire environ 30 minutes; épluchez les poivrons et placez-les dans le robot culinaire.

Pendant ce temps, faites chauffer 2 cuillères à soupe d'huile d'olive dans une poêle à feu moyen-vif. Faire revenir l'ail et les tomates pendant environ 5 minutes ou jusqu'à ce qu'ils soient tendres.

Ajoutez les légumes sautés dans votre robot culinaire. Ajouter les autres ingrédients et travailler jusqu'à ce que le mélange soit crémeux et lisse.

Bon appétit!

Crostini aux épinards, pois chiches et ail

(Prêt en 10 minutes environ | Pour 6 personnes)

Par portion : Calories : 242 ; Matières grasses : 6,1 g ; Glucides : 38,5 g ; Protéines : 8,9 g

ingrédients

1 baguette, tranchée

4 cuillères à soupe d'huile d'olive extra vierge

Sel de mer et piment, pour l'assaisonnement

3 gousses d'ail, émincées

1 tasse de pois chiches cuits, égouttés

2 tasses d'épinards

1 cuillère à soupe de jus de citron frais

Directions

Préchauffez le gril.

Badigeonnez les tranches de pain de 2 cuillères à soupe d'huile d'olive et saupoudrez de sel marin et de piment. Placer sous le gril préchauffé pendant environ 2 minutes ou jusqu'à ce qu'il soit légèrement grillé.

Mélangez soigneusement l'ail, les pois chiches, les épinards, le jus de citron et les 2 cuillères à soupe d'huile d'olive restantes dans un bol.

Versez le mélange de pois chiches sur chaque toast. Bon appétit!

"Boulettes de viande" Champignons et haricots cannellini

(Prêt en 15 minutes environ | Pour 4 personnes)

Par portion : Calories : 195 ; Matières grasses : 14,1 g ; Glucides : 13,2 g ; Protéines : 3,9 g

ingrédients

4 cuillères à soupe d'huile d'olive

1 tasse de champignons de Paris, hachés

1 échalote, hachée

2 gousses d'ail, écrasées

1 tasse de haricots cannellini en conserve ou cuits, égouttés

1 tasse de quinoa, cuit

Sel de mer et poivre noir moulu au goût

1 cuillère à café de paprika fumé

1/2 cuillère à café de flocons de piment rouge

1 cuillère à café de graines de moutarde

1/2 cuillère à café d'aneth séché

Directions

Faites chauffer 2 cuillères à soupe d'huile d'olive dans une poêle antiadhésive. Lorsqu'ils sont chauds, cuire les champignons et les échalotes pendant 3 minutes ou jusqu'à ce qu'ils soient tendres.

Ajouter l'ail, les haricots, le quinoa et les épices. Bien mélanger puis façonner le mélange en boules de taille égale avec les mains huilées.

Ensuite, faites chauffer les 2 cuillères à soupe d'huile d'olive restantes dans une poêle antiadhésive à feu moyen. Une fois chaudes, faites frire les boulettes de viande pendant environ 10 minutes jusqu'à ce qu'elles soient dorées de tous les côtés.

Servir avec des piques à cocktail. Bon appétit!

Rouleaux de concombre au houmous

(Prêt en 10 minutes environ | Pour 6 personnes)

Par portion : Calories : 88 ; Matières grasses : 3,6 g ; Glucides : 11,3 g ; Protéines : 2,6 g

ingrédients

1 tasse de houmous, de préférence fait maison

2 grosses tomates en dés

1/2 cuillère à café de flocons de piment rouge

Sel de mer et poivre noir moulu au goût

2 concombres anglais, coupés en tranches rondes

Directions

Répartissez la trempette au houmous sur les tranches de concombre.

Garnissez-les de tomates; saupoudrer de flocons de piment rouge, de sel et de poivre noir sur chaque concombre.

Servez frais et bon appétit !

Bouchées de jalapeño farcies

(Prêt en 15 minutes environ | Pour 6 personnes)

Par portion : Calories : 108 ; Matières grasses : 6,6 g ; Glucides : 7,3 g ; Protéines : 5,3 g

ingrédients

1/2 tasse de graines de tournesol crues, trempées toute la nuit et égouttées

4 cuillères à soupe d'échalotes hachées

1 cuillère à café d'ail, émincé

3 cuillères à soupe de levure nutritionnelle

1/2 tasse de crème de soupe à l'oignon

1/2 cuillère à café de poivre de Cayenne

1/2 cuillère à café de graines de moutarde

12 jalapeños, coupés en deux et épépinés

1/2 tasse de chapelure

Directions

Dans votre robot culinaire ou mélangeur à grande vitesse, mélangez les graines de tournesol crues, les oignons verts, l'ail, la levure nutritionnelle, la soupe, le poivre de Cayenne et les graines de moutarde jusqu'à ce que le tout soit bien mélangé.

Versez le mélange dans les jalapeños et recouvrez-les de chapelure.

Cuire au four préchauffé à 400 degrés F pendant environ 13 minutes ou jusqu'à ce que les poivrons soient tendres. Servir chaud.

Bon appétit!

Rondelles d'oignon à la mexicaine

(Prêt en 35 minutes environ | Pour 6 personnes)

Par portion : Calories : 213 ; Matière grasse : 10,6 g ; Glucides : 26,2 g ; Protéines : 4,3 g

ingrédients

2 oignons moyens, coupés en rondelles

1/4 tasse de farine tout usage

1/4 tasse de farine d'épeautre

1/3 tasse de lait de riz, non sucré

1/3 tasse de bière légère

Sel de mer et poivre noir moulu, pour l'assaisonnement

1/2 cuillère à café de poivre de Cayenne

1/2 cuillère à café de graines de moutarde

1 tasse de chips tortilla, écrasées

1 cuillère à soupe d'huile d'olive

Directions

Commencez par préchauffer le four à 420 degrés F.

Dans un bol peu profond, mélanger la farine, le lait et la bière.

Dans un autre bol peu profond, mélanger les épices avec les chips tortilla écrasées. Draguez les rondelles d'oignon dans le mélange de farine.

Roulez-les ensuite sur le mélange assaisonné en appuyant pour bien les enrober.

Disposez les rondelles d'oignons sur une plaque à pâtisserie recouverte de papier sulfurisé. Badigeonner d'huile d'olive et cuire au four environ 30 minutes. Bon appétit!

Racines de légumes rôties

(Prêt en 35 minutes environ | Pour 6 personnes)

Par portion : Calories : 261 ; Matières grasses : 18,2 g ; Glucides : 23,3 g ; Protéines : 2,3 g

ingrédients

1/4 tasse d'huile d'olive

2 carottes, pelées et coupées en morceaux de 1 ½ pouce

2 panais, pelés et coupés en morceaux de 1 ½ pouce

1 feuille de céleri, pelée et coupée en morceaux de 1 ½ pouce

1 livre de patates douces, pelées et coupées en morceaux de 1 ½ pouce

1/4 tasse d'huile d'olive

1 cuillère à café de graines de moutarde

1/2 cuillère à café de basilic

1/2 cuillère à café d'origan

1 cuillère à café de flocons de piment rouge

1 cuillère à café de thym séché

Sel de mer et poivre noir moulu au goût

Directions

Mélanger les légumes avec le reste des ingrédients jusqu'à ce qu'ils soient bien enrobés.

Rôtir les légumes dans le four préchauffé à 400 degrés F pendant environ 35 minutes, en remuant à mi-cuisson.

Goûtez, rectifiez les épices et servez chaud. Bon appétit!

Trempette au houmous à l'indienne

(Prêt en 10 minutes environ | Pour 10 personnes)

Par portion : Calories : 171 ; Matières grasses : 10,4 g ; Glucides : 15,3 g ; Protéines : 5,4 g

ingrédients

20 onces de pois chiches en conserve ou cuits, égouttés

1 cuillère à café d'ail, tranché

1/4 tasse de tahin

1/4 tasse d'huile d'olive

1 citron vert fraîchement pressé

1/4 cuillère à café de curcuma

1/2 cuillère à café de poudre de cumin

1 cuillère à café de curry en poudre

1 cuillère à café de graines de coriandre

1/4 tasse de liquide de pois chiches, ou plus si nécessaire

2 cuillères à soupe de coriandre fraîche, hachée grossièrement

Directions

Mélangez les pois chiches, l'ail, le tahini, l'huile d'olive, le citron vert, le curcuma, le cumin, la poudre de curry et les graines de coriandre dans votre mixeur ou robot culinaire.

Mélangez jusqu'à obtenir la consistance désirée et ajoutez progressivement le liquide de pois chiches.

Placer au réfrigérateur jusqu'au moment de servir. Garnir de coriandre fraîche.

Servir avec du pain naan ou des bâtonnets de légumes si désiré. Bon appétit!

Trempette aux carottes rôties et aux haricots

(Prêt en 55 minutes environ | Pour 10 personnes)

Par portion : Calories : 121 ; Matières grasses : 8,3 g ; Glucides : 11,2 g ; Protéines : 2,8 g

ingrédients

1½ livre de carottes, tranchées

2 cuillères à soupe d'huile d'olive

4 cuillères à soupe de tahin

8 onces de haricots cannellini en conserve, égouttés

1 cuillère à café d'ail, émincé

2 cuillères à soupe de jus de citron

2 cuillères à soupe de sauce soja

Sel de mer et poivre noir moulu au goût

1/2 cuillère à café de paprika

1/2 cuillère à café d'aneth séché

1/4 tasse de pépites, grillées

Directions

Commencez par préchauffer le four à 390 degrés F. Tapisser une plaque à pâtisserie de papier sulfurisé.

Mélangez maintenant les carottes avec l'huile d'olive et placez-les sur la plaque à pâtisserie préparée.

Rôtir les carottes pendant environ 50 minutes ou jusqu'à ce qu'elles soient tendres. Transférez les carottes rôties dans le bol du robot culinaire.

Ajouter le tahini, les haricots, l'ail, le jus de citron, la sauce soja, le sel, le poivre noir, le paprika et l'aneth. Mélangez jusqu'à ce que votre trempette soit crémeuse et lisse.

Garnir de pepitas grillées et servir avec les louches de votre choix. Bon appétit!

Sushi de courgettes rapide et facile

(Prêt en 10 minutes environ | Pour 5 personnes)

Par portion : Calories : 129 ; Matières grasses : 6,3 g ; Glucides : 15,9 g ; Protéine : 2,5 g

ingrédients

1 tasse de riz, cuit

1 carotte, râpée

1 petit oignon, râpé

1 avocat, haché

1 gousse d'ail, hachée

Sel de mer et poivre noir moulu au goût

1 courgette moyenne, coupée en lanières

Sauce wasabi, pour servir

Directions

Bien mélanger le riz, la carotte, l'oignon, l'avocat, l'ail, le sel et le poivre noir dans un bol.

Répartissez la garniture entre les lanières de citrouille et répartissez uniformément. Rouler les courgettes et servir avec la sauce wasabi.

Bon appétit!

Tomates cerises au houmous

(Prêt en 10 minutes environ | Pour 8 personnes)

Par portion : Calories : 49 ; Matière grasse : 2,5 g ; Glucides : 4,7 g ; Protéine : 1,3 g

ingrédients

1/2 tasse de houmous, de préférence fait maison

2 cuillères à soupe de mayonnaise végétalienne

1/4 tasse d'échalotes, hachées

16 tomates cerises, retirez la pulpe

2 cuillères à soupe de coriandre fraîche hachée

Directions

Mélangez bien le houmous, la mayonnaise et les échalotes dans un bol.

Répartir le mélange de houmous parmi les tomates. Garnir de coriandre fraîche et servir.

Bon appétit!

Champignons de Paris au four

(Prêt en 20 minutes environ | Pour 4 personnes)

Par portion : Calories : 136 ; Matière grasse : 10,5 g ; Glucides : 7,6 g ; Protéines : 5,6 g

ingrédients

1 ½ livre de champignons de Paris, nettoyés

3 cuillères à soupe d'huile d'olive

3 gousses d'ail, émincées

1 cuillère à café d'origan séché

1 cuillère à café de basilic séché

1/2 cuillère à café de romarin séché

Sel casher et poivre noir moulu au goût

Directions

Mélangez les champignons avec les autres ingrédients.

Disposez les champignons sur une plaque à pâtisserie recouverte de papier sulfurisé.

Cuire les champignons au four préchauffé à 420 degrés F pendant environ 20 minutes ou jusqu'à ce qu'ils soient tendres et parfumés.

Disposez les champignons sur un plat de service et servez avec des piques à cocktail. Bon appétit!

Chips de chou frisé au fromage

(Prêt en 1 heure et 30 minutes environ | Pour 6 personnes)

Par portion : Calories : 121 ; Matière grasse : 7,5 g ; Glucides : 8,4 g ; Protéines : 6,5 g

ingrédients

1/2 tasse de graines de tournesol, trempées toute la nuit et égouttées

1/2 tasse de noix de cajou, trempées toute la nuit et égouttées

1/3 tasse de levure nutritionnelle

2 cuillères à soupe de jus de citron

1 cuillère à café de poudre d'oignon

1 cuillère à café de poudre d'ail

1 cuillère à café de paprika

Sel de mer et poivre noir moulu au goût

1/2 verre d'eau

4 tasses de chou frisé, râpé

Directions

Dans votre robot culinaire ou mixeur à grande vitesse, mélangez les graines de tournesol crues, les noix de cajou, la levure nutritionnelle, le jus de citron, la poudre d'oignon, la poudre d'ail, le paprika, le sel, le poivre noir moulu et l'eau jusqu'à obtenir un mélange homogène.

Versez le mélange sur les feuilles de chou et mélangez jusqu'à ce qu'elles soient bien enrobées.

Cuire au four préchauffé à 220 degrés F pendant environ 1 heure et 30 minutes ou jusqu'à ce qu'ils soient croustillants.

Bon appétit!

Bateaux de houmous à l'avocat

(Prêt en 10 minutes environ | Pour 4 personnes)

Par portion : Calories : 297 ; Matière grasse : 21,2 g ; Glucides : 23,9 g ; Protéine : 6 g

ingrédients

1 cuillère à soupe de jus de citron frais

2 avocats mûrs, coupés en deux et dénoyautés

8 onces de houmous

1 gousse d'ail, hachée

1 tomate moyenne, hachée

Sel de mer et poivre noir moulu au goût

1/2 cuillère à café de poudre de curcuma

1/2 cuillère à café de poivre de Cayenne

1 cuillère à soupe de tahin

Directions

Versez du jus de citron frais sur les moitiés d'avocat.

Mélanger le houmous, l'ail, la tomate, le sel, le poivre noir, la poudre de curcuma, le poivre de Cayenne et le tahini. Versez la garniture dans les avocats.

Sers immédiatement.

Champignons farcis aux nachos

(Prêt en 25 minutes environ | Pour 5 personnes)

Par portion : Calories : 210 ; Matières grasses : 13,4 g ; Glucides : 17,7 g ; Protéines : 6,9 g

ingrédients

1 tasse de chips tortilla, écrasées

1 tasse de haricots noirs en conserve ou cuits, égouttés

4 cuillères à soupe de beurre végétalien

2 cuillères à soupe de tahin

4 cuillères à soupe d'échalotes hachées

1 cuillère à café d'ail, émincé

1 jalapeño, haché

1 cuillère à café d'origan mexicain

1 cuillère à café de poivre de Cayenne

Sel de mer et poivre noir moulu au goût

15 champignons de Paris moyens, nettoyés, sans les tiges

Directions

Bien mélanger tous les ingrédients, sauf les champignons, dans un bol.

Répartissez le mélange de nachos entre vos champignons.

Cuire au four préchauffé à 350 degrés F pendant environ 20 minutes ou jusqu'à ce qu'ils soient tendres et bien cuits. Bon appétit!

Rouleaux de salade au houmous et à l'avocat

(Prêt en 10 minutes environ | Pour 6 personnes)

Par portion : Calories : 115 ; Matières grasses : 6,9 g ; Glucides : 11,6 g ; Protéines : 2,6 g

ingrédients

1/2 tasse de houmous

1 tomate, hachée

1 carotte, râpée

1 avocat moyen, dénoyauté et coupé en dés

1 cuillère à café de vinaigre blanc

1 cuillère à café de sauce soja

1 cuillère à café de sirop d'agave

1 cuillère à soupe de sauce Sriracha

1 cuillère à café d'ail, émincé

1 cuillère à café de gingembre fraîchement râpé

Sel casher et poivre noir moulu au goût

1 laitue au beurre principale, divisée en feuilles

Directions

Mélangez soigneusement le houmous, la tomate, la carotte et l'avocat. Mélanger le vinaigre blanc, la sauce soja, le sirop d'agave, la sauce Sriracha, l'ail, le gingembre, le sel et le poivre noir.

Répartissez la garniture entre les feuilles de laitue, roulez-les et servez avec la sauce à part.

Bon appétit!

Choux de Bruxelles au four

(Prêt en 35 minutes environ | Pour 6 personnes)

Par portion : Calories : 151 ; Matière grasse : 9,6 g ; Glucides : 14,5 g ; Protéines : 5,3 g

ingrédients

2 livres de choux de Bruxelles

1/4 tasse d'huile d'olive

Gros sel de mer et poivre noir moulu au goût

1 cuillère à café de flocons de piment rouge

1 cuillère à café d'origan séché

1 cuillère à café de persil séché

1 cuillère à café de graines de moutarde

Directions

Mélanger les choux de Bruxelles avec le reste des ingrédients jusqu'à ce qu'ils soient bien enrobés.

Rôtir les légumes dans le four préchauffé à 400 degrés F pendant environ 35 minutes, en remuant à mi-cuisson.

Goûtez, rectifiez les épices et servez chaud. Bon appétit!

Poppers de patates douces Poblano

(Prêt en 25 minutes environ | Pour 7 personnes)

Par portion : Calories : 145 ; Matières grasses : 3,6 g ; Glucides : 24,9 g ; Protéines : 5,3 g

ingrédients

1/2 livre de chou-fleur, paré et coupé en dés

1 livre de patates douces, pelées et coupées en dés

1/2 tasse de lait de cajou, non sucré

1/4 tasse de mayonnaise végétalienne

1/2 cuillère à café de curry en poudre

1/2 cuillère à café de poivre de Cayenne

1/4 cuillère à café d'aneth séché

Poivre noir de mer et moulu au goût

1/2 tasse de chapelure fraîche

14 piments poblano frais, coupés en deux, épépinés

Directions

Faites cuire le chou-fleur et les patates douces à la vapeur pendant environ 10 minutes ou jusqu'à ce qu'ils soient tendres. Maintenant, écrasez-les avec du lait de cajou.

Ajoutez la mayonnaise végétalienne, la poudre de curry, le poivre de Cayenne, l'aneth, le sel et le poivre noir.

Versez le mélange sur les poivrons et recouvrez-les de chapelure.

Cuire au four préchauffé à 400 degrés F pendant environ 13 minutes ou jusqu'à ce que les poivrons soient tendres.

Bon appétit!

Chips de courgettes au four

(Prêt en 1 heure et 30 minutes environ | Pour 7 personnes)

Par portion : Calories : 48 ; Matières grasses : 4,2 g ; Glucides : 2 g ; Protéine : 1,7 g

ingrédients

1 livre de courgettes, coupées en tranches de 1/8 de pouce d'épaisseur

2 cuillères à soupe d'huile d'olive

1/2 cuillère à café d'origan séché

1/2 cuillère à café de basilic séché

1/2 cuillère à café de flocons de piment rouge

Sel de mer et poivre noir moulu au goût

Directions

Mélangez les courgettes avec les autres ingrédients.

Disposer les tranches de courgettes en une seule couche sur une plaque à pâtisserie tapissée de papier sulfurisé.

Cuire au four à 235 degrés F pendant environ 90 minutes jusqu'à ce qu'ils soient croustillants et dorés. Les chips de courgettes deviennent croustillantes en refroidissant.

Bon appétit!

Sauce libanaise authentique

(Prêt en 10 minutes environ | Pour 12 personnes)

Par portion : Calories : 117 ; Matières grasses : 6,6 g ; Glucides : 12,2 g ; Protéines : 4,3 g

ingrédients

2 boîtes (15 onces) de pois chiches/pois chiches

4 cuillères à soupe de jus de citron

4 cuillères à soupe de tahin

2 cuillères à soupe d'huile d'olive

1 cuillère à café de pâte gingembre-ail

1 cuillère à café de mélange libanais de 7 épices

Sel de mer et poivre noir moulu au goût

1/3 tasse de liquide de pois chiches

Directions

Mélangez les pois chiches, le jus de citron, le tahini, l'huile d'olive, la pâte gingembre-ail et les épices dans un mélangeur ou un robot culinaire.

Mélangez jusqu'à obtenir la consistance désirée et ajoutez progressivement le liquide de pois chiches.

Placer au réfrigérateur jusqu'au moment de servir. Servir avec des bâtonnets de légumes, si désiré. Bon appétit!

www.ingramcontent.com/pod-product-compliance
Lightning Source LLC
Chambersburg PA
CBHW070401120526
44590CB00014B/1212